好妈妈胜过好老师

如何做好早教和选择幼儿园

尹建莉 著

作家出版社

图书在版编目（CIP）数据

好妈妈胜过好老师. 如何做好早教和选择幼儿园 / 尹建莉著. -- 北京：作家出版社，2025.7. -- ISBN 978-7-5212-3202-8

Ⅰ．G78

中国国家版本馆CIP数据核字第2025ZV2590号

好妈妈胜过好老师——如何做好早教和选择幼儿园

作　　者：尹建莉

策　　划：郑建华

责任编辑：郑建华　李　雯

装帧设计：BOOK DESIGN

出版发行：作家出版社有限公司

社　　址：北京农展馆南里10号　　　　邮　　编：100125

电话传真：86-10-65067186（发行中心）

　　　　　86-10-65004079（总编室）

E-mail:zuojia@zuojia.net.cn

http://www.zuojiachubanshe.com

印　　刷：三河市紫恒印装有限公司

成品尺寸：165×240

字　　数：188千

印　　张：14

印　　数：001-10000

版　　次：2025年7月第1版

印　　次：2025年7月第1次印刷

ISBN　978-7-5212-3202-8

定　　价：49.00元

改版前言

当我们理解了一个儿童，
就理解了所有的孩子

尹建莉

　　我的第一本家庭教育著作《好妈妈胜过好老师》于 2009 年出版，一经上市即引起巨大轰动，在各大图书畅销榜上数年雄踞前几名，十多年长销不衰。

　　本书的畅销得益于读者的互相推荐。当公众多年来在一些虚饰浅陋的教育话语下深感迷茫，或在老生常谈的话语下深感倦怠时，他们意外地被这真实、深刻和美震撼了。"受益匪浅"和"相见恨晚"是我收到的读者反馈中出现最多的两个词。

　　我本人具有教师、教育研究者和妈妈几重身份。在《好妈妈胜过好老师》这部著作中，我经常从一个母亲的角色进入问题，却始终以专业工作者的学识和态度来看待问题和分析问题。

　　本书内容大部分取材于我和女儿的日常交流，道理却是普适性的。无数家长因为这本书而发生教育观念的重大转变，无数孩子因这本书而受益。

　　美国作家梭罗说过："多少人在读了一本书后，开始了他生活的新纪元！一本书，能解释我们的奇迹，又能启发新的奇迹，这本书就为我们而存在了。"

在这里我要特别感谢作家出版社，他们慧眼识珠，逆市而上，使本书和读者顺利见面。尤其是责任编辑郑建华，本书出色的市场表现，离不开他出色的眼光和努力，《好妈妈胜过好老师》这个书名就是他定的。为了找到一个恰当的书名，我们前前后后想了一百多个，当他最终提出"好妈妈胜过好老师"时，我们都有眼前一亮的感觉。这个书名在当时来说，几乎是呼喊出了一个革命性的观念，够大胆，够颠覆。

很久以来，我们对学校教育寄予的期望太高太多，而家庭教育的功能及重要性却被严重低估。"好妈妈胜过好老师"与其说是颠覆，不如说是还原。它让人看到学校教育的有限性和家庭教育的重要性；看到"教育"不在宏大的口号里，而在日常生活细节中，儿童最重要的老师首先是父母——这样的观念其实并不新鲜，只是以前很少有人这样勇敢而明确地说出来。

在《好妈妈胜过好老师》出版五年之后，我的第二部教育著作《最美的教育最简单》出版。

本书仍采用案例写作的手法，案例主角扩展为更多的孩子，展示了前一本书尚未涉及的另一部分儿童教育生活，对大家面临的种种教育问题进行了深入而细腻的解读，并指出当下教育面临的种种误区，同时为读者提供了许多可操作的方法。它让大家看到，美好的教育并不复杂，有效的教育往往是朴素而简单的。

本书同样受到读者欢迎，销量可观，荣获 CCTV 评选的"年度好书"。北京大学老中青三代学者从浩如烟海的古今中外图书中评选出了《影响人生的书单》，本书荣幸入选。

在这两本书出版时间平均近十年的情况下，种种原因，我和出版社都认为有必要对这两本书进行修订再版。在保持原有篇章基本不变的情况下，删减一些已经不合时宜的内容，修改几处当时还不够成熟的观点，增加一部分必要的新内容，重新编排章节、润色文字，使其作为经典教育著作能够与时俱进，更好地服务于读者。

任何时代任何人提出的任何思想，都是某种"自我"角度的看法，所以不能保证被所有人认可，或者说思想本身也可能是偏见。从我个人来说，也经常有自我否定的情况，跟随着否定的总是进步。我诚实地对原著内容进行了审视和修订，但我仍然不能保证这次改版后的观念都是正确的。可以确定的是，随着时间推移，一定有些新的问题会呈现出来。我会始终保持学习的态度、容纳的态度、接受的态度面对新形势、新观念。本书若有观念不能够跟上时代，希望读者朋友们给予批评，并且见谅，你看到了一个人的局限，就看到了自己的进步。

在这里我要再一次向著名学者钱理群教授和我的导师朱旭东教授表示感谢，他们的推荐是对这本书最中肯的评价；他们自身的社会威望和学术公信力，让读者更加信任这本书。

感谢所有的读者朋友，本书的终极价值体现在你们那里，是你们的阅读让这本书得以传播，是你们的理解让这本书放出光彩，是你们的应用让这本书变得真正有价值。尤其感谢很多中小学教师和校长，他们正是本书的主力推荐人群，很多家长就是从学校召开的家长会上知道这本书的。

感谢我的家人，是家人的支持，为我的成长提供了良好的土壤。

尤其感谢我的孩子，她的出生是我生命中最重要的事件之一，从这里我开启了自我成长之路。在陪伴女儿成长的岁月里，我对儿童的理解从书本知识转移到活生生的人身上，对教育的认识从单调的理论进入到多姿多彩的实践中。当人们读我的书时，很多人感叹我作为妈妈对孩子遇到的问题处理得那么好，事实上这并非天赋，而是和孩子共同成长的结果。与其说是我教育了女儿、塑造了女儿，不如说是女儿教育了我、塑造了我。

我并没有力量让我的孩子成为什么样的人，作为养育者，我只是不给她太多压力和干扰，在她需要帮助的时候给予恰当的帮助。而她，催化了我的母爱，激活了我的内在能量，点燃了我对教育的热情，让我最终有力量创作出《好妈妈胜过好老师》及此后的几本教育著作。在和女儿的相处中，我深深地体会到"和孩子一起成长"是多么美妙的一件事。

一花一世界，一叶一菩提。每一个儿童都是一个小宇宙，当我们理解了一个儿童，就理解了所有的孩子；当我们能理解所有的孩子，就能容易地理解任何一个孩子。儿童不是需要我们去打造的弱小的人，而是尚未被扭曲变形的完美的神。

神性的存在让这个世界得到某种程度的净化，使人类延续。唯愿天下儿童都有一个幸福的童年。

要感谢的人很多，在此一并致谢——谢谢大家，祝福大家！

前言

当我们手上有块玉时

读到一则寓言。一位农夫得到一块玉，想把它雕成一件精美的作品，可他手中的工具是锄头。很快，这块玉变成了更小的玉，而它们的形状始终像石头，并且越来越失去价值。

年轻的父母也得到一块玉——可爱的孩子——多年后的结果却是，一些人得到了令人满意的作品，一些人眼睁睁看着玉石的变化越来越失望。二者的区别，就是后者使用的，常常是锄头。

可有谁会认为自己那么笨呢？现代人都很自信。

我认识一位博士，他个人无论在做学问、干工作还是为人处世等方面都非常好。中年得子，珍爱如宝。他知道做人比做学问更重要，所以特别注意孩子的品格培养。他的孩子刚刚两岁，经常自顾自地玩耍，大人和他说话充耳不闻。做父亲的认为礼貌要从小培养，看到孩子这样，很着急，就会走过去拿开孩子手里的东西，严肃地告诉他，大人和你说话必须要回答。孩子对他的话不在意，当下哭闹一番，事后总是"故技重演"；他就一次次地把儿子从玩耍中拉出来，对儿子进行批评教育。他坚定地说："我必须要把孩子的坏毛病纠正过来！"

博士不知道，两岁的孩子还没建立起人际交往的互动概念。对这么小的孩子谈礼貌，宛如对牛弹琴，他不仅听不懂，还会被吓着。最重要的是，他这时正处于开始认识世界的关键期，对一切都充满好奇，一张小纸片、半截烟头都可能让他沉迷。儿童的智力发育、注意力培养、兴趣发展都离不开这种"沉迷"。这看似无聊的玩耍，正是孩子对未来真正的学习研究进行的"前期准备工作"。无端地、经常地打扰孩子，会破坏他的注意力，使他以后很难集中精力去做一件事情，同时也失去对事物的探究兴趣。此外，"礼貌教育"频频引发家长和孩子的冲突，还会导致孩子在认知上不知所措，扰乱孩子正常的心理成长秩序，使他情绪烦躁，并且对环境产生敌意，影响品行发展。

博士绝不怀疑自己是一位琢玉高手，却不知他此时运用的正是锄头——家庭教育中的错误就这样在无意间产生，使结果和愿望背道而驰，这是最令人遗憾和痛心的地方。

这几年接触了不少家长，更多的是一些所谓"问题儿童"的家长。我从不同的案例中看到一个共同现象：家长无意中所犯的一些小错，日积月累，会慢慢形成一个严重困扰孩子的大问题，给孩子带来深刻的痛苦，甚至扭曲孩子的心灵。不是家长爱心不够，而是他们不知道有些做法不对。

西方有句谚语："地狱之路有时是好的意图铺起来的。"是啊，哪个家长的教育意图不好呢？当良好的意图和令人失望的结果形成巨大反差时，许多家长都抱怨孩子，说孩子自己不争气，天生就是一块不可雕的朽木——这是显而易见的强词夺理——如果问题来源于孩子自身，是他天生带来的，那孩子自己有什么办法呢，正如一个人眼睛太小不能怪自己一样；如果问题只能通过孩子自我认识、自我改变来解决，所谓"教育"的功能又在哪里呢？

也有人把个体教育中的一些问题归结到"社会""政策""时代"等宏大因素上。这种归结习惯，最典型的如近年来大、中、小学校园里无论发生什么负面事件，人们都要在"教育体制"上找原因，到最后，板子基本上都要打到"高考"上。高考——这在我国目前来说最公平的一项教育政策，现在成了替罪羊，成了一切教育问题的"罪魁祸首"。

世界上没有哪个国家的教育体制能完美到可以解决每一个学生的个体问题。每一个孩子都是一个独有的世界，他的成长，取决于和他接触的家长和教师给他营造的、直接包围着他的"教育小环境"。这个小环境的生态状况，才是真正影响孩子成长的决定性因素。

家长作为和孩子接触时间最早、最长的关键人物，是"小环境"的主要营造者——家长在日常生活中，在每一件小事上如何引导孩子、如何处理和孩子的关系，几乎每一种细节都蕴含着某种教育机缘。对细节的处理水平，区分出了家长手中握着的是锄头还是刻刀——它使孩子的世界与未来全然不同。

在这本书中，我就孩子成长中的种种问题写了很多细节，也给出了很多方法。无论这些"方法"多么不同，它们其实都是建立在一些共同的教育理念上的。"方法"固然重要，但再多的方法也无法穷尽一个人遇到的所有教育问题。正确的教育理念则如同一把万能钥匙，可以打开不同的锁。表面上看，本书各篇文章都在独立地谈某一个问题；事实上，所有的观点和方法都有内在逻辑上的一致性。当你读完了这里的所有文章，会有一个比较清晰的理念框架进入到观念里——遇到各种问题时，你基本上就会明白该如何做了，"方法"也会自然地来到你的身边。

希望这本书对家长们有用，尤其是年轻的父母们。

培养一个好孩子，不仅是对家庭负责，也是对民族发展负责，对未来社会负责。正确的教育方法是一把精美的刻刀，错误的教育方法就是一柄锄头——当我们手上有一块玉石时，我们必须做得正确。

我眼中的妈妈

圆圆

正像每位父母对孩子都有着深刻影响那样，妈妈对我的影响无疑也是巨大的。

在《好妈妈胜过好老师》这本书中，我并不是主角，而是最直接的受益者。书中妈妈所表达的思想，浓缩了平日里她对每件小事的思考。这也是她这么多年来读书、学习所得到的收获。虽然我平时很少表达，但是可以说我从小就对妈妈的才华与思想非常尊敬，或者说欣赏。

在我少年时期，很多人觉得我比同龄人成熟，我相信这很大程度上得益于父母平时不把我当成不懂事的孩子，他们像尊重一个成年人一样尊重我的每个想法，愿意真诚地倾听我的心声，我有什么想法也总是愿意向他们表达。

从我很小的时候开始，妈妈就注意培养我的阅读兴趣，不论是书籍的选择还是读后的交流，妈妈都给了我很多帮助，而这同时也让我们建立了朋友一般的感情。我们经常同时读一本书，然后交流感想，而那时我不过才上小学。这不仅让我产生了阅读兴趣，还让我感觉到和大人平等交流的乐趣。

随着环境的变化，周围优秀的人越多，我越发现自己有多么平凡。面对很多困难，我会觉得自己不如别人做得好。但是我总能保持良好的心态，不抱怨生活，不唉声叹气。而这种健康的心态就是我最大的财富。

所以在我看来，好的家庭教育也许并不能让人成为事事都能做好的天才，但是却必然培养出好心态。这种好心态能够让我在一生中处事更淡定、更自信、更积极，推动生活进入良性循环。

我非常高兴有很多人能看到《好妈妈胜过好老师》这本书。因为我自己就是最直接受到妈妈的思想熏陶的人，我能体会到这些思想是多么宝贵、多么令人受益匪浅。现在偶尔和妈妈交流一些想法，我还会有"听君一席话，胜读十年书"的感觉。

在钦佩之余我也会对自己近来读书太少产生惭愧之情。可以说妈妈是我的一个榜样，也是人生导师，更是一个珍贵的朋友。

妈妈这本书能够畅销，我并不惊讶。因为书中所写的一点一滴的思想，真的能让很多家庭受益。很多生活细节的处理对于家长来说是小事，但对孩子却会产生巨大的影响。

作为妈妈教育思想最直接的受益者，我很感谢父母给我带来的良好成长环境，也非常喜欢自己平凡却幸福的生活。

这篇文字是女儿圆圆在几年前应一家杂志的邀请写下的，也就是从这篇文字中，我第一次知道她怎么看待我、怎么看待我的书。

我曾不止一次地遇到记者提问，你女儿是不是很崇拜你？我总是笑着说，恰恰相反，我没听到过一句她的崇拜，倒是经常听到她的吐槽，记者们总是会大吃一惊。

我说的是真的，平时我们之间的交流非常随性，彼此像好姐妹一样，开玩笑，打闹，甚至吵架。我们似乎都羞于表达深情，也很少表达这些较为深层次的感受。所以，在这里看到孩子对我的评价和赞美，内心还是非常喜悦的。

把这篇文字收入书中，是因为我非常看重孩子的看法，同时也想用这样的方式向女儿表示感谢，感谢可爱的圆圆今生选择做我的孩子，我爱你。

目 录
contents

第三章　回归自然养育　*97*

孩子与父母间的亲子关系质量，决定了孩子未来和整个世界的相处质量。父母应该在孩子的成长中扮演主角，在孩子的衣、食等方面回归自然，和孩子一起成长。

第四章　如何选幼儿园　*165*

幼儿园是孩子由家庭迈向社会的第一个链接点，幼儿园的每一个老师、每一种生活又深刻影响着幼儿智商和情商的发展。如何选择幼儿园，其实是学前教育观的问题。

第一章

启蒙教育怎么做

启蒙教育的黄金期在学龄前，之后的十多年时间也是关键期。这个时期的孩子有极强的可塑性。启蒙教育应以培养孩子的阅读兴趣为主，多采用游戏的方式。警惕不科学的早教机构和学前班。

1

CHAPTER

启蒙教育要做些什么？

启蒙教育的黄金期在学龄前，之后的十多年时间也是关键期，所以从出生到进入青春期，都可以称作启蒙教育阶段。这个时期的孩子有极强的可塑性，教育在这一阶段最能表现它的影响力。这种影响力，从前往后，逐渐递减。所以这项工作越是做得早，越是做得好，真正的一寸光阴一寸金。

一、智力启蒙的第一件事是多和婴幼儿说话。

因为人是用语言来思维的，语言的清晰度和思维清晰度完全成正相关。如果早期缺少正常的语言交流，孩子的智力发育水平会受到影响。

比如"狼孩"，虽然有狼群的爱护，肉体存活下来了，但因为没有获得人类的语言刺激，智力出现永久损害，即使回到正常人类社会，也不可能恢复到正常人的智力水平，并且寿命也很短。人的寿命和智商成正相关，这是已被研究和社会经验证实的。

弱小的婴儿似乎听不懂语言，有的家长就很少跟孩子说话，这很可惜。很多人甚至认为婴儿怕吵，把环境弄得极为安静，成人之间正常说话也要压低声音，这完全没必要，这种安静反而是给孩子的未来添乱。

和小婴儿说话，一方面是信息交流，语言作为信息载体，会刺激宝宝大脑发育；另一方面是情感交流，家长充满爱的声音会抚慰宝宝整个身心，即使宝宝不明白是什么意思，也能感受到声音所传达的亲切。

从孩子出生第一个月起，就可以凡事跟他说说。比如喂奶时说："宝宝饿了吧，妈妈现在给你喂奶。"喂奶过程中还可以随便唠叨些话，比如"你昨天吃奶时撒尿了，今天是不是也会一边吃一边尿呀？"或"宝宝吃饱了，抱起来拍拍背"。就如同孩子能听懂，穿衣、睡觉、晒太阳等，都可以成为说话内容。

要注意的是，**和孩子说话一定要自然、轻松，千万不要变成唠叨和噪声**。偶尔不想说也可以不说，不必勉强，一勉强就成为双方的负担。孩子能准确感知到母亲的情绪，这方面他们比雷达还灵。

另外要注意的是，**不要过分使用"吃饭饭""睡觉觉"之类的儿语**。适当用一些儿语当然没问题，很有趣。一般情况下，和成人怎么说话，和孩子怎么交流就可以。

同时要注意避免语气、表情上的夸张，不要动不动就拖长音且高八度地说："是吗？""真棒啊！"**和孩子说话，口气的平和也非常重要**。

二、智力启蒙非常重要的部分是培养孩子的阅读兴趣。

培养孩子的阅读兴趣是发展其智力，让其智力不单以加法增长，而是以乘法递增的最好、最简单的办法。

从孩子一两岁开始，就可以尝试帮孩子建立语言和文字间的联系。尽早认字并进入阅读，这对儿童早期各方面发展的作用都十分明显。

传说仓颉造字，"天雨粟，鬼夜哭"，其象征意义十分深刻。文字的出现于人类来说是件惊天地泣鬼神的事情，人从此不再蒙昧，开始有了穿越时间、洞悉世界、俯仰乾坤的能力——文字的力量，于个人来说也是一样的。在各类杰出人物中，你可以找出不少学历不高的，但你几乎找不到不爱阅读的。

电子时代信息太多，吸引孩子的东西也太多，如果孩子基础识字任务完成得太晚，阅读兴趣没有在早期建立，很可能会一直停留在不爱阅读、浅阅读的水平上。任何一个孩子，**只要打下阅读这个良好的基础，他的生命田野就获得了充足养料**。他的天赋在哪里，将来选择什么专业，在职业上取得什么成就，都具有了坚实的基础。

三、减少限制，让孩子自由探索。

小婴儿来到世上，所有的东西都是陌生的、新鲜的，他要一样一样地去认识，所以什么都想去尝试一下。

手和嘴是儿童接触世界、认识世界的第一个通道，婴儿认识世界的第一个方法就是遇到什么都要抓一抓、啃一啃。先是观察和啃咬自己的小手，然后是身边出现的一切。

成人一定要去除这样的观念：这是玩具，可以玩；那不是玩具，不可以玩。这个消过毒，可以啃；那个没消毒，不可以啃……这些成年人的教条，都是在启蒙教育的路上制造障碍，给孩子添堵。

在安全的底线上，要允许孩子做一切他想做的事。只要不危险，任何东西都可以让孩子接触。很多人担心卫生的问题。这方面的建议是：卫生不卫生不必以现代医学标准来衡量，标准略微降得低一些，以千百年来人类的常识衡量即可。

让孩子抓或啃各种东西，给他最大的活动空间、最多的探索机会。这比管住宝宝、这也不让干那也不让做难得多，家长会很累，但这种劳累是启蒙教育中重要的一环，将来会省很多力。

四、启蒙教育的最好方式是游戏。

启蒙教育可以细化为很多方面，语言的、数理的、艺术的、运动的，等等，不管采用什么方式，**都最好有游戏心态，即无目的性，在快乐中进行。**

这里说的"无目的性"是相对的，即在家长心中可以有一个模糊的、大致的目标，但不需要把这个目标确定无疑地放在孩子面前。比如想要孩子成为舞蹈家，带他去看舞蹈演出，参加舞蹈学习，谈论舞蹈的美妙，这就可以了，不需要告诉孩子，你将来应该成为舞蹈家，现在要用功练习……只让孩子感觉是游戏，玩得高兴就行。我女儿圆圆小时候，我们和她玩"开小卖部"游戏[1]，目的是锻炼她的数学计算能力，但她从来不知道父母的目的，只以为父母一直在陪她做游戏。有些家长也采用类似的办法，得其中"游戏心态"精髓的，取得了很好的效果。

一切可以让孩子动手、动脑参与的游戏或事情都有启蒙的作用，可以是开小店，也可以是做饭、修理小家电，还可以是种菜、养鱼、打游戏、体育运动等等，任何让孩子感兴趣的事都具有启蒙教育的功能。这也可以说是践行了教育先驱杜威的"做中学"理念。

既然是游戏心态，有哪些事孩子感兴趣，就可以多做；哪些实在不感兴趣，停下就是了。家长要做的是呵护好孩子的情绪，保护好他对某一事的兴趣。**切忌标准太多，更不能训斥、包办，或逼着孩子去做。**

心理学研究已证实，长期不快乐和压抑，会导致一些原本天赋很好的孩子越来越笨，"在糟糕的情绪下，我们的思维也更抑郁"[2]。不论做什么，保证孩子情绪愉悦。这是最基本的一条。那些为了某个"早教"目标而整天把孩子弄得哭哭啼啼的做法极为无知，结果只能走到早教的反面。不是破坏了孩子的某种天赋爱好，就是伤害了孩子的心理健康。

1　尹建莉，《好妈妈胜过好老师》，作家出版社，2009年1月第1版，51页。

2　[美]戴维·迈尔斯，《社会心理学》，侯玉波等译，人民邮电出版社，2006年1月第1版，89页。

五、启蒙教育要防止进入的误区。

首先，不要轻易把启蒙教育委托给早教机构。

把孩子送早教机构，如果只是为了让孩子到早教机构找小朋友玩，这没什么说的；如果是为了孩子的智力开发或情感开发，真的寄托了一个"早教"的期望，则需要家长想一下，早教机构的从业人员真的是一群懂教育的人吗？他们的课程设计真的合理吗？花钱真的能买来教育吗？

"孩子的大脑发展最适合的地方是温馨的家庭，最佳的营养是安全感，最好的刺激是父母的陪伴。有了这些条件，不必整天送孩子去上补习班或才艺班，他的大脑都会健全地发展。"[1]

换个思路，把上课外班的时间用来让孩子玩耍，把家长在课外班等候的时间用来进行亲子阅读，把省下的钱用来重新购置被孩子损坏的杯、碗、电脑、手机等，收获是否更多？

也有一些家长送孩子进早教机构，是出于盲目跟风或攀比心理。在孩子的启蒙阶段家长如果没有主见和定力，将来要踩的坑大概率会很多，让自己和孩子都活得辛苦。

明白什么叫启蒙教育，知道给孩子什么是最好的，就不会去胡乱花钱、折腾孩子，一辈子不知道会省多少心多少力多少钱。

其次，不要把启蒙教育和"提前学习"混为一谈。

启蒙教育等同于未来校园课程内容的"提前学习"，是一种很广泛的误解，会导致两个极端。

---

[1] 洪兰，《好孩子：三分天注定，七分靠教育》，长江文艺出版社，2012年11月第1版，9页。

一种是早早逼孩子学功课，比如提前学习拼音、练习写字等，令孩子厌学和大脑迟钝；另一种情况是凡和功课有关的内容什么也不让孩子接触，认为这些只能是进入小学才可以学习，比如认字，这又导致错失启蒙教育的良机。

前一种情况非常普及，这些年，家庭、幼儿园、早教机构，都急于把小学的课程灌输到孩子头脑中，上学前就学会拼音、一百以内加减法……这些错误，后果已非常明显，越来越多地受到人们的批评，人们开始有所警觉。而这又导致另一些人走到另一个极端，孩子在学龄前什么也不学，甚至回避认字等活动。

我接触过一位"海归"，她接受了"玩耍就是教育"的理念，什么也不让孩子学习，只让他玩，甚至不把孩子送幼儿园，担心幼儿园会教孩子认字、学拼音。孩子在家里除了摆弄玩具、和老人逛菜市场，就是看电视。结果上小学后，孩子学习非常吃力，很快表现出厌学和自卑。

这位家长的错误在于，她把学习和快乐对立起来，让孩子在学前完全没有智力生活，所以后来孩子在学习上的吃力几乎是必然的。

把学习和快乐对立起来，这是一种根深蒂固的错误认识，就像把"有钱人"和"坏人"等同起来一样。其实这两者完全不对立。

人的天性是爱学习的，如果学习没有奴役过孩子，孩子是不会反感学习新知识的，学习本身能带来快乐。一个背了一百首唐诗的孩子和一个只背了十首唐诗的孩子谁的启蒙教育更成功，不在于他们背诵的数量，而在于这些诗歌是如何背会的、在什么心情下背会的、孩子的感觉如何，这些才是判断的标准。

"启蒙教育"和"提前学习"是性质相反的两种东西。对未来学习的影响，前者是推动力，后者会成为阻力——这里面的分水岭，就是整个学习过程是否伴有愉快的情绪体验，是否激活了孩子的兴趣、自信。

再次，不要相信任何测试。

不要试图提前预知你的孩子智商如何、有哪方面天赋、适合从事什么职业等等。人的每一种才能都是多方面协作的结果，每一种命运都是千百种因素共同造就。量表或仪器不是上帝，不能完成这样复杂的任务。

而且，这些测试往往并不能给孩子以正面激励，却会给他们很多不良暗示，对他们的发展形成束缚和限制。只要我们给孩子一个好的智力基础和心理基础，剩下的，交给未来吧。

早期不爱开口说话的孩子，将来有可能是个演说家；早期十个手指数不过来的孩子，也有可能成为杰出的经济学家。成年人的判断依据总是有限的，儿童的发展却是无限的。我们对孩子能表达的最大的尊重，就是不去定义他，不去设计他，给他无限的空间，让他自己展翅翱翔。

一个无中生有的生命突兀地来到世上，在平均两万五千天的人生中，必须在最初最弱的一千多天中完成从混沌走向清朗的大飞跃。这是生命中最初的一次飞跃，也是最重要的一次飞跃。一个人将来站立在什么位置和高度，固然和他成年后的努力及机遇有关，但基础却是在童年打下的。这就是启蒙教育的价值和意义！

不上学前班

当年我大胆写了这篇文章，对学前班的设置提出质疑和批评，认为这种"提前学习"不符合学龄前儿童身心发育需求，是无用设置。可喜的是十几年后的 2023 年，国家全面取消学前班设置，学前班退出历史舞台。此次本书改版之所以继续保留这篇文章，是因为学前班思维模式及相关问题并未随着学前班的消失而消失，反而以变种的方式更加普及，比如所谓的幼小衔接。

2021 年教育部出台有关幼小衔接的指导意见，旨在让孩子们更好地适应校园生活。但由于意见的导向性被人们误读及市场利益的推动，幼小衔接很快演变为新的"提前学习"，衍生出大量民间"学前班"，催生出一个新的市场，同时也像学前班一样制造了非常严重的启蒙教育问题。正像我在文中说的那样，"行政命令可以让当下的学前班消失，但有这样的市场，它一定会产生新的变种，以新的面目出现"。

学龄前教育非常重要，幼小衔接确实是需要成人帮助儿童实现良性过渡的一件大事。真正的启蒙教育可以让孩子成为人才，而不合适的提前学习则是在损害儿童的天赋。学前教育到底如何做，这是需要每个时代的成年人去思考、去搞清楚的一个问题。就这个问题来说，本文不会过时，当下同样有借鉴意义。

学前班的产生是我国经济欠发达时代的一个应急措施。

它最早出现于二十世纪八十年代。当时由于城市学龄儿童人口迅速增长，而那时民办幼儿园很少，孩子的入托问题得不到解决，所以采取了让小学办一些学前班来解决部分幼儿的学前教育的做法——可见学前班的出现主要是出于学龄前儿童分流的需要，并不包含有教育学意义上的衔接需求。

这些年我国经济繁荣，人口出生率降低，民办幼儿园大量出现，儿童入托供需矛盾并不显著，可学前班却延续了二十多年，而且在全国普及，从城市到乡村蔓延开来，越来越名正言顺，仿佛是基于儿童学习需求的一个正常合理的设计。个别地方甚至是由教育主管部门规定，所有的儿童在进入小学前必须上学前班，以至于有些地区小学入学年龄被人为延迟一年。

为什么会出现这种该消失而不消失的现象？这说明它有存在的基础。这个基础就是：学校愿意开办学前班，家长愿意送孩子上学前班。

学校愿意开办，自有非常明确的目的。学前班不属于国家义务教育，可以自行定价收取学杂费。1985年北京市给出的指导价是每个孩子每月三十元，这在当时并不便宜。近些年更是水涨船高，已达到每月数百元甚至上千元，再加上各种杂费，数目可观——也就是说它是学校的一个创收渠道，相当于一个小金库。

虽然近些年一些地方政府已意识到学前班的不必要，出台文件不允许小学办学前班，但只要手段不强硬，小学就或明或暗地办着，打政策的擦边球。

再从家长角度来看。家长愿意把孩子送学前班，绝大多数是出于跟风和盲目。一是误以为学前班有承上启下的功能，如同上三年级必须先读二年级一样；二是出于对孩子未来学习成绩的焦虑，认为上学前班是"提前打基础"了，是在学习上先走了一步。

人生培养战略，如长跑战略，开始跑在前面的人不一定就能领先。

我的一位亲戚，她知道我不赞成送孩子上学前班，但她的顾虑是，周围的人都把孩子送进学前班了。进过学前班的孩子，到上一年级时，拼音和一百以内加减法就都学完了。如果自己的孩子没上学前班，基础就不如别的孩子，这不就比别的孩子落后一步了吗？

亲戚的这种"打基础"想法是有代表性的，但这是家长们的认识误区。一是没搞清什么才是孩子需要打的"基础"，二是不了解学前班的真实情况。良好的学前教育是良好的启蒙教育的重要组成部分。有效的学前教育能让孩子小小的身体像颗核弹头一样储备巨大的能量；而急功近利的学前教育却是把孩子造成一只花炮，只能炫目一时。

假设家长花了钱，小学收了钱，孩子们真的能通过上学前班打下一个好的学习基础，走到别的孩子前面，那也值得。但从这些年的实际情况来看，结果恰恰相反，学前班教育是给孩子们打了一个"基础"，但往往是坏基础。

首先，目前国家对学前班教学只有指导性意见，并没有明确统一的学前班教学大纲和教材。虽然学前班能给小学带来经济利益，但由于它的非义务教育性质，学前班的教学成绩不需要计入整个学校教学成绩里，学校一般来说对这块教育并不重视。所以，学前班如何教，全凭小学及任教老师自己主张。

其次，几乎所有的学前班招生宣传中都会说，学校为学前班配备了优秀的、经验丰富的教师。事实上，寄居在小学校园中的学前班很边缘化。除了设备简陋，更主要的是学校不会把优秀教师分配到学前班。从我了解的情况来看，学校给学前班配的教师一般是工作能力差、课教得不好的，或是和领导关系不融洽的。校长没法解雇这些人，正好把他们放到学前班。

有的小学师资比较紧张，会从外面为学前班聘一些退休老教师。理论上讲，退休老教师"经验丰富"。但我国几十年来小学教师入职门槛较低，许多小学教师文化或教育素养较低，他们的工龄可能有四十年，但并非有四十年的"教育经验"，往往只是把一种工作经验使用了四十年。仅有的经验也是针对小学生的，而非学龄前儿童。

在没有教学大纲、缺少教学指导、师资绝大部分是学前教育门外汉的情况下开办"学前班"，水平如何，可以想象。

所以，现在的"学前班"，并不是教育学意义上的"学前教育"，它基本上就是小学一年级的缩写版。

从上课形式来说，孩子们每人有了一张自己的固定课桌，有了上课下课，甚至还有家庭作业。从教学内容上看，学习的一般都是拼音、写字、英语单词、一百以内的加减法等。从课堂管理看，老师总是要求孩子们乖乖地坐在座位上，手放到背后，认真地听课。

这种情形下的学前班，有上课，有作业，却没有智力活动；有纪律，有规矩，却没有教育要素。课桌限制了儿童的自由，封闭性的学习内容束缚了儿童的想象，教学方式违反了儿童天性，无聊的作业消磨了孩子们学习的热情。

苏霍姆林斯基说："凡是那些没有让儿童每天都发现周围世界各种现象之间的因果联系的地方，儿童的好奇心和求知欲就会熄灭。"[1]任何功

1　[苏]苏霍姆林斯基，《给教师的建议》，杜殿坤编译，教育科学出版社，1984年6月第2版，323页。

利性的、奴役性的学习，都会使儿童远离知识和智慧，是反智反教育的行为。

教育上早有这样的发现，如果儿童在学习中没有通过自己的努力解决一些问题，体会不到克服困难、发现新知的乐趣，只是反复咀嚼已熟知的东西，就会引起对知识的冷淡和轻蔑态度。经过"学前班"的儿童，进入小学后，他的课程知识可能稍高于一般儿童，那么学习中的新鲜感、发现的乐趣、克服困难的兴致他就都没有，很容易在学习上变得轻浮、不用功。他表现出的"学业优势"也是短暂的，状态维持不了多久。更严重的是，很多孩子的学习兴趣在学前班就被严重消耗，导致刚上小学就厌学——而这样一种情绪几乎会破坏一个人一生的学习兴趣。

曾有位家长向我抱怨，说正在上小学的孩子写字不好，做作业粗心大意。言语间抱怨这是因为孩子没上学前班，没提前学会写字；并说邻居的孩子上过学前班，打好了基础，字写得就比自己的孩子好，成绩也更强。

家长一着急就会胡乱归因，就像一个人不小心踩到水沟里，却怪怨袜子的颜色穿得不对一样。事实上经过了解，这位家长的孩子不爱学习，写作业不认真，不是因为没上学前班，而是从孩子一年级开始，家长就过分重视写作业、考试这些事，在这方面太紧张，总是对孩子不满意，经常严厉地批评，弄得孩子精神负担特别重，影响了学业。

我告诉这位家长，学习兴趣以及成绩好坏是件需要多方面力量推动的复杂的事，不可能由某单一因素导致。孩子现在已经三年级，我可以肯定，如果你的孩子上过学前班，而围绕着他的其他教育因素不变的话，他的情况也是现在的样子，甚至会更糟。因为孩子缺少的是对学习的兴趣以及良好的知识结构，而这两样，当下的学前班都给不了。

不知未来还会不会有"学前班"这样一种存在，真正的问题是社会如何认识学前教育的重要性。

行政命令可以让当下的学前班消失，但有这样的市场，它一定会产生新的变种，以新的面目出现。

在我写作本文时，从市场形势判断，绝大多数家长仍然迷信学前教育中的课程学习部分，不仅认为应该让孩子上学前班，还在学前班之外又给孩子报各种和小学课程内容衔接的课外学习班。

把幼儿园小学化，这甚至成了当下许多幼儿园的"特色"，这些幼儿园讲自己的优势时，就会把"双语教学"、识字、数学等内容作为卖点进行宣传，它虽没举"学前班"之名，行的却是学前班之实。

重要的是，如何向儿童提供符合他们年龄段的有价值的教育。

对于年幼的孩子来说，智力成长不是在书桌前进行，而是在游戏中进行。

学前教育一定要重视儿童的玩耍权。玩耍对于低龄儿童来说绝不是可多可少、可有可无的，它在启蒙教育上的作用远比学一些书本上的知识更有价值。

卢梭在他的教育论著《爱弥儿》中提出一个"最大胆最重要和最有用"的教育法则，就是在儿童的早期学习上，"不仅不应当争取时间，而且还必须把时间白白地放过去"[1]。他强调的是应该让儿童尽情地游戏玩耍，反对用课程学习挤占儿童的游戏时间。

所以不管未来学前教育的名称是什么，在形式上都应该是游戏的、无拘无束的、变化丰富的、与生活相关联的，能让孩子们在不知不觉中

1　[法]卢梭,《爱弥儿》，李平沤译，人民教育出版社，2001年5月第2版，93页。

获得肢体、语言、想象力、人际交往等方方面面的培育，为接下来真正的校园学习生活打下基础。

总之，启蒙教育可以让孩子成为人才，而不合适的"提前学习"只能让孩子变得平庸无才。反对"学前班"，实质上是反对不科学的、急功近利的学前教育。不让孩子上学前班，目的是想把良好的学前教育还给孩子。

儿童越是年龄幼小，启蒙教育的急迫性越强，越需要一个好的智力成长环境。他心智发育的黄金时间被夺走一年，今后不知有多大的损失。心理学认为儿童智力发育的最佳时期是六岁前，从这个意义上讲真是"一寸光阴一寸金"。

让孩子识字不难

她在很短的时间里突然认识那么多字，实际上是个非常简单而自然的过程，是一个从量变到质变的必然结果。这个现象的发生，最终还是得益于教育，是家长有意无意间施行的一种正确教育方法收获的成果。

圆圆并不是那种两三岁就能认识几千字的"神童"，我也从没刻意教过她认字，没给她做过一张识字卡。但就在她过完六周岁生日、离上小学还有半年多的时间里，她给了我们一个惊喜——突然间认识了那么多字！

她不再缠磨着要我给她讲故事，小小的人，居然自己拿本书像模像样地看起来，读得津津有味。我拿一本新来的《米老鼠》杂志让她读给我听，她真的连猜带蒙地读了下来。我真诚地表扬了女儿，夸她读得好。

第一次体会到识字带来的阅读乐趣，她独自看书的兴趣越来越浓。通过阅读，又认识了不少字，这样一种良性循环，使圆圆的识字量陡增。以至于几个月后，到她上了小学一年级，阅读语文课本对她来说已经是小菜一碟了。

记得她第一天做小学生，从学校背回一书包课本。回到家，把新书一本本掏出来放到餐桌上，满脸兴奋之色。她爸爸找来一本旧挂历给她一本本地包书皮，她就坐在爸爸旁边，兴趣盎然地把语文书从头到尾读了一遍。听着她朗朗的读书声，我很欣慰地知道，小学生要面对的"识字关"，女儿已在不知不觉中轻松迈过。

圆圆在刚入小学时就能达到一个三年级孩子的识字量及阅读水平，这看起来像个小小的"奇迹"，让老师感叹，也让我惊喜。但我心里非常清楚，圆圆是个极为平常的孩子，她在很短的时间里突然认识那么多字，实际上是个非常简单而自然的过程，是一个从量变到质变的必然结果。这个现象的发生，最终还是得益于教育，是家长有意无意间施行的一种正确教育方法收获的成果。

我想在这里把我的做法谈一谈，目的是让更多的孩子像圆圆一样，轻松识字、早识字。这不仅对于学前或小学识字阶段的孩子有意义，也可能对他一生的学习都产生深远的影响。

我的做法实际上非常简单，就是从我第一次拿起一本书给她讲故事时，就不"讲"，而是"读"。即不把故事内容转化成口语或"儿语"，而是尽量按书上文字，一字字给她读。

我想，对于白纸一样纯洁的孩子来说，任何词汇于他都是全新的。我们认为"通俗"的或"不通俗"的，于他来说其实都一样。"大灰狼悠闲地散步"和"大灰狼慢慢地走路"，在刚学说话的孩子听来，并不觉得哪个更难理解。我们最初灌输给他什么，他就接受了什么。有的家长给孩子讲故事时，怕孩子听不懂，把书面语转化成通俗的口语，这其实没必要。正如一个从小讲汉语的人面对英语时会为难，而一个从小听英语的孩子却从不觉得听英语是件困难的事一样。所以千万不要担心，孩子天性中对任何事情都充满好奇，给他"读"或给他"讲"，对他来说同样有吸引力。

　　我给圆圆读故事始于她一周岁前，不知最初给圆圆读书时她听懂没有，但我每次给她读书时，她都听得如醉如痴，明亮的双眸里充满愉悦的光泽。我给她买的书被我们一遍遍地读着，每次我都一字字指着读，到圆圆开始说话，就跟着咿咿呀呀地鹦鹉学舌，越来越能把妈妈讲的故事一句句地背出来，还经常自己装模作样地读书。

　　清楚地记得在圆圆一岁八个月时，爸爸的同事来串门，圆圆站在叔叔身边给自己讲故事，很投入地读着《丑小鸭》。她用小手指着书上的字，一字字读道："小鸭孤零零的，无精打采地走到河边……"她一页页地翻着，"读"得基本上一字不差。叔叔见状大为惊奇，以为她识字。我笑说："哪里，她把我给她读的内容都背会了。"她当时肯定没有文字的概念，估计她当时并不知道嘴里的念念有词和手指所指有什么关系，只是在机械地模仿妈妈讲故事时的声音和动作。

　　就这样，我一直以"读"的方式给圆圆讲故事，并注意声情并茂。随着她慢慢长大，我发现以"读"代"讲"丝毫不影响她的理解，还丰富了她的语言词汇。她在说话间总是能找到恰当的词语来表达，很少有小孩子那种想要表达却不知如何说，或者词不达意的困难。

　　而且，在这个过程中，她开始认识一些字了，这使我确信了"读书"的好处。于是又进一步，从由我指着一个字一个字地读，改成由她指着我来读。她指到哪儿，我读到哪儿。逐渐地，圆圆理解了文字的作用，把故事与文字联系到了一起。文字在她的眼里一点也不空洞枯燥，文字是有内容的，文字就是故事，是有趣而生动的。

　　"指读"的方式不必太刻板，不要过分注重形式，有时候孩子不愿意指读，那就不勉强，阅读时的情绪体验是最重要的。只要经常有意识地给孩子读读字，慢慢让孩子知道妈妈是依着那些文字来讲故事的，知道文字是有内容的，是可以去读的，这就可以了。

　　读书的同时，我们只要遇到文字，就给孩子读出来。电视每天晚上出现"新闻联播"四个字时，我会读一下。当我们带圆圆到公共场所时，也会不失时机地把看到的文字随口读出来。比如在火车站我给她读"禁止吸烟"，告诉她这里人很多、空气不好，这个牌子告诉大家不要在这里吸烟；逛动物园时一起读指示路牌，然后我们就找到了想要看的动物；进了百货商场，先一起看购物导示牌，顺利地直奔我们要去的楼层。

天长日久，圆圆养成一种习惯，看到字就想读出来。每次我带她乘公共汽车时，她都会一路不停地读着马路两旁看到的店铺名和广告牌，不认识的字就问我，我也总是兴致勃勃地和她一起读那些招牌，读到一些有趣的店名，我们还会一起谈论一下。

没统计过圆圆在什么时候认识了多少字，凭印象，她在五岁以前认识的字都是零零散散的，不会自己看书，总是由我来给她讲。五岁后，在很短的时间内——也许是某个偶然因素促成，比如说她要我讲故事，而我说没时间，让她先自己看吧，于是她开始自己看书了。对书中内容的强烈好奇，使她顾不上文字的生疏，囫囵吞枣看个大概，好奇心得到了满足。我及时夸奖她识了那么多字，会自己看书，再把她不认识的字给她读一读，这个故事就被她吸收了——她从完全个人的阅读中获得了极大的乐趣，自此有点一发不可收的势头，书越读越多，字也越认越多。

圆圆到小学二年级后，阅读能力就相当于中学生的水平。当班里绝大多数同学还在把主要精力用于学习生字的时候，她已开始一本接一本地读长篇小说了。当然她也常常读错别字，以至于我们戏称她为"白字大王"。我告诉她遇到不认识的字就问爸爸妈妈，**她因为急于读故事，不影响理解的字一般都不问我们，我们也不在意，随她的便。事实上，读得多了，许多"白字"问题自然就解决了。**

到圆圆十周岁小学毕业时，她已读完了金庸全部的武侠小说，十四部共约三四十本；中外名著如《红楼梦》《简·爱》《鲁宾逊漂流记》等，其他零散的儿童文学书籍以及各类报纸杂志则不计其数。

由于圆圆读的书多，理解力好，所以其他各门功课也都很优秀，学习上始终很轻松。她读完小学二年级，直接读小学四年级，仍然是班里成绩最优秀的学生之一。她在班里岁数最小，但她做事的成熟度及认识问题的水平，却仿佛比实际年龄大几岁。

圆圆上小学四年级时，我给她买了一本繁体字竖排的儿童版《中国通史》，十六开本，约一寸厚。我们经常抽时间一起读，因为繁体字她不认识，开始时还是我一字字指着给她读。这本书读到有一半时，繁体字于她基本上不再是问题，后半部分她就自己读了。她现在看一些港台及海外出版的汉语资料，觉得很方便。

在2008年召开的全国人民代表大会上，有一位代表提议应该让小学生学习繁体字，多家媒体对这一提议进行了报道。这位代表的想法很好，但我忧虑的是，如果这一想法被贯彻到学校教学中，让孩子们用现行的常规识字方法学繁体字，小学生真的要被累死了。

现在小学生学业负担重，除了由太多"课外班"带来，更主要的，是不正确的教学方法所带来的。孩子们学生字的途径基本上限于课文，每个生字动辄写十遍二十遍，孤立地去认去写，这使孩子们付出了非常艰辛的劳动，却得到很少的成就。写简化字尚且把孩子们愁得要命，写繁体字……孩子们要知道了，肯定反对这个提议。

繁体字不是不可以学，最重要的是怎样轻松地学、有效地学。

在对圆圆的教育中，我深深地体会到，**把学习生字融汇在日常生活中，建立在大量的阅读基础上，是非常有效的教育方法。不仅孩子学起来轻松，大人实际上也轻松，事半功倍。**

每当我看到有的家长扬扬得意地宣称他尚处于学龄前的孩子认了多少字或多少英语单词，而他的方法就是制作一大堆卡片或把英语单词贴得家里到处都是，我总是有些担心，这样行吗？

现在还有许多"早教机构",他们所谓的"早教"其实就是让孩子认识一些字或字母和单词。学习的过程可能弄些花样,有的是扮演"字母角色",有的是一起大声喊出某个音节,实质也是孤立地学字和词。我怀疑,这样的课程,对孩子们有意义吗?

美国著名心理学家奥苏贝尔（D. P. Ausubel）在教育心理学中最重要的一个贡献是提出"有意义学习",这是一个和"机械学习"相对立的概念。他的重要论断是：有意义学习才是有价值的。依据他的理论,无意义音节和配对形容词只能机械学习,因为这样的材料不可能与人的认知结构中的任何已有观念建立实质性联系,这样的学习完全是机械学习。所以是低效学习。[1]

前几天又从报纸上看到一个消息,说一个四岁的孩子能认得两千汉字。原来,他的爷爷把字词贴得家里到处都是,每天让孩子认。学外语的人都知道,如果孤立地背单词,忘得很快,但如果把单词放到语境中学习,效果就非常好。所以孩子如果认了好多字,却不会专注地读一本书的话,那是一件很不妙的事。把识字和阅读割开了,可能早早地破坏孩子识字的兴趣和自信心。

学习过程中如果再加上炫耀,那是最坏的,恐怕只是在制造一个漂亮的肥皂泡吧。

卢梭说："人们在煞费苦心地寻找教读书写字的最好办法,有些人发明了单字拼读卡和字卡,有些人把一个孩子的房间变成了印刷厂。真是可怜！"[2]

1　陈琦、刘儒德主编,《当代教育心理学》,北京师范大学出版社,1997年4月第1版,86页。

2　[法]卢梭,《爱弥儿》,李平沤译,人民教育出版社,2001年5月第2版,134页。

　　和谐合理的方法往往是美的，也是有效的；坏方法则把原本简单的事变得复杂、低效。我们在儿童教育中，要特别注意寻找好方法，不要想当然地用坏方法去教孩子。**在教孩子识字中，以读代"讲"，以读代"认"，就是非常好的方法**。

教孩子识字要注意什么？

凡事只要不执着，就没什么伤害。

关于识字，三千汉字要在学校学五六年的教学模式非常落后，它尤其不适应现代社会生活。现在资讯这么发达，家长们几乎都识字，如果方法得当，孩子完全可以在学龄前通过阅读轻松识字，不知不觉地轻松完成基础识字任务。

教幼儿识字，是启蒙教育的重要组成部分，有些人否定幼儿识字的重要性，理由大约两类：一是认为识字会限制幼儿的想象力；二是认为让幼儿识字会增加幼儿学习负担，伤害他们未来的学习兴趣。

第一种说法完全是拍脑袋想出来的，毫无心理学根据。识字不但不会限制想象力，更会发展想象力，文字不是想象力的围栏，恰是延伸想象力的道路。你在生活中能见到一个识字多的孩子比识字少的孩子想象力差或聪慧度差吗？

第二种观念完全是建立在"识字需要痛苦地去学"这样一个错误的观念上。很多人概念中的识字就是用枯燥的方法教孩子努力记住一些字，他们不知道识字完全可以是有趣的游戏，能让孩子在快乐中不知不觉完成。

一种观点，如果底层思维是错误的，结论也不可能正确。

可以确定地说，学龄前的幼儿完全可以识字，只是千万不要用笨办法教孩子识字，否则真会让孩子变笨，也会败坏孩子的学习兴趣。

现在出现的另一个问题是，很多家长虽然知道通过图书阅读让孩子识字是个好办法，但在操作时又会遇到一些不知所措的具体情况，根据大家的反馈，我在这里对这一识字方式进行一些补充说明。

首先，我们在这里谈识字，但非常重要的恰是：在识字问题上不要有执念。

孩子可以在很小的时候识字，这只是个方向和目标，但在过程中绝不要执着于孩子是否识字了、识了多少、记得牢不牢等等。**家长的执着心越少，在识字问题上越有游戏精神，孩子就识得越有兴趣、越容易。**

在具体的操作中，家长拿一本书给孩子讲时，有的孩子会全神贯注地听，有的孩子则不会，可能听几句就去玩别的，也可能会把书抢过去乱翻，甚至撕了。这些都很正常，家长一定不要为此焦虑。

孩子往往不可能乖乖地坐着听你讲故事，有时可能是他更想知道别的内容，或确实不想听了。家长不要强行让孩子安静地听故事，也不要打开一本书就必须从前往后讲，孩子翻哪页就讲哪页，或感觉他不想听就不再讲。

来日方长，**顺其自然，不要让孩子觉得讲故事是任务，是件令人厌倦的事，孩子和家长的互动始终愉快就好。**至于撕书，就让他撕几本，他在用小手感觉世界，"撕"也是阅读的一种。

总之，在教孩子认字这件事上，**重要的是让孩子爱上阅读，喜欢上文字，习惯看见字就读出来。**至于用多长时间认了多少字，记没记住，完全不要在意。忘记识字这回事，注意力只在"游戏"上，孩子才能识字识得又快又好。

凡事只要不执着，就没什么伤害。

其次，我不主张用挂图和卡片来教孩子认字，但这并不意味着家里不能有简单的挂图或卡片。

用挂图和卡片教孩子认字，强行通过复习来记住文字，这是费功费力却低效的办法，会把孩子搞得很痛苦，失去认字的兴趣。但挂图和卡片本身无害，它内容简单，色彩丰富，孩子往往也喜欢。这里强调的是，挂图和卡片不可以成为孩子识字的主要工具。只把这些东西当玩具，带着孩子在玩耍中顺便识些字，这就可以了。

文字不能孤零零地记忆，必须让文字之间、文字和内容之间有联系——即在大大小小的"阅读"中去识。大到一本童书，小到马路上看到的指示牌上一个"停"字，都是识字教材。

同时注意最好不要只使用一种载体，即不要只让孩子从书上认字。文字随处可见，课堂无处不在，电视里、手机里、广告牌、包装袋……散碎的文字，在不同的地方看到了，顺口读给孩子，孩子在不同的地方看到相同的字，比在同一个地方看到相同的字更容易记住。

总之，凡有文字的地方就可以有阅读。只要家长用点心，哪里都是课堂。

再次，识字以阅读为主，如何给孩子选择图书，这里有几条建议。

一、内容大致从简到难、由浅入深，难度逐步递进。但也不要过分考虑几岁的读什么，年龄和阅读内容没有严格的对应。孩子的阅读基础不一样，阅读程度差异会非常大，有的孩子小学二年级就可以读大部头世界名著，有的高中毕业还读不了长篇小说。一本书，只要孩子感兴趣，就不必在意他读懂了或没读懂，这些孩子自己知道。

二、尽可能内容广泛，尊重孩子的兴趣。不妨多买几种，总会发现孩子喜欢哪些不喜欢哪些。注意，不管一次买多少，不要一下全堆到孩子面前，每次只拿出一两本即可，适当制造短缺感，以免因为书太多让孩子感觉烦躁，或降低孩子对书的兴趣。

三、最好不选择同时有两种文字的。比如有的童书，有汉语又有英语，甚至还带拼音。用意虽好，意义却寥寥。不要在阅读之上附加学拼音、学英语的功能，那样会破坏阅读的乐趣，成年人也很难在一本书上同时看两种文字，况且孩子。

尤其是拼音，其实是非常容易学习的一种东西，因为它是为文字服务的抽象符号，本身毫无意义，不适合太小的孩子学习，对小孩子也没什么用。有些古典诗词歌赋类的书，在全部文字或一些生僻字上加了拼音，这种注音是有必要的，是为了防止家长带孩子朗读时读错，不是为了要孩子学拼音。这点要区别开来。关于拼音学习，另有文章专门论述，此处不赘述。

古诗滋养的孩子

被古诗滋养的孩子，得到的不仅仅是诗情和文才，实际上也成为被生活和命运多一份垂青的人。

圆圆很小的时候，我就开始给她读一些诗歌。我发现她既爱听，也爱记。

她大约三岁时，我学习电脑打字，每天背"五笔字型"字根口诀。五笔输入法发明人王永民先生把"字根表"编得像诗歌一样节奏明快，朗朗上口。我背的时候圆圆在旁边听到了，到晚上关灯我躺在床上背的时候，有的地方想不起来，她竟然都能提示我。这些没有内容的东西，小家伙随意听来，居然记得比我还快，我很惊叹孩子的记忆力。

中国文字原本就蕴含着艺术美，周作人先生说，中国汉字具有游戏性、装饰性与音乐性的特点。[1]而中国古典诗歌更浓缩了我们母语的精华，以其特有的节奏感、韵律感、美观性等特质，从古到今始终散发着迷人

1　转引自钱理群，《语文教育门外谈》，广西师范大学出版社，2003年7月第1版，76页。

而高贵的气质。我在教圆圆读诗的过程中，逐渐坚定了一个认识，儿童应该大量背诵诗歌，尤其是古诗。

圆圆四五岁时，我开始正式教她读古诗。我们最早用的读本是一套配有插图的《幼儿读古诗》，共六本，大约有一百多首诗，那些诗都很短，一般只有四句。我经常和她一起朗读这些古诗，等读熟了再一起背。这方面并没有做计划，因此比较随意，但因为持续不断地做，到她六岁上小学前，这些诗她基本上都会背了。

近年看过一些资料，有的人反对在孩子小时候教他们读古诗。认为孩子不理解，只是鹦鹉学舌地记住一些音节，所以提议在孩子小时候应该教他读儿歌，不要背古诗。这种说法不对。

艺术首先需要感知，幼儿学古诗并不重在理解，古诗词平仄押韵，韵律感非常强，良好的感知自然会慢慢形成"理解"。觉得古典诗词陌生难懂，这是成年人的事，孩子则没有这种疏离感。儿歌可以教孩子一些，但其在数量和质量上都无法取代古诗。每个人的学习时间都非常有限，我们应该把最好的东西教给孩子。如果家长拿出读儿歌的轻松和愉快来教孩子读古诗，孩子是感受不到这两种文字在愉悦感和美感上的差别的。

另外，儿童时期是记忆的黄金时期，这个时候阅读和背诵的东西，真正会刻进脑子里，内化为自己的智慧财富。所以我们更应该珍惜童年时代的背诵，不要让孩子把时间浪费在一些平庸之作上。以唐诗宋词为主的古典诗歌，是千百年来经由漫长时光和一代又一代人筛选并保存下来的文化精华，它值得一个人从小背到老。

人们因为古诗词"难懂"产生的另一个错误想法是：教孩子学古诗词时，要尽可能给他讲解，把每一句都"翻译"成"白话"。事实上，学古诗要避免的，恰是过度解释。其原因，一是基于对儿童领悟力的信任；二是诗文中的意境美与文字美重在体会，它们原本就是无须解释的，一解释就是对想象力的束缚，就是对语言美的破坏，是对原作格调的降低。

给孩子读古诗的时间其实可以提早到婴儿期。几个月的孩子看似什么也不懂，但早期语言输入孩子两三岁前，读诗不用解释，只要把读诗当作唱歌，体会其中的韵律感就行。到孩子四五岁，懂些事情时，再加进"讲解"。但这讲解一定要简单，简要地说一下这首诗的意思，同时把影响到理解的一些词解释一下就行了。

比如我在教圆圆背诵"鹅，鹅，鹅／曲项向天歌／白毛浮绿水／红掌拨清波"时，由于诗本身明白如话，只解释一下什么是"曲项"就可以了。

少解释不等于不"解读"。我和圆圆对一些非常美的句子经常会反复品味，比如看到"青枫江上秋帆远，白帝城边古木疏"，会关注它的对仗工整，体会每个用字的精致；看到"肯与邻翁相对饮，隔篱呼取尽余杯"，就想象那样一种生活场景是多么朴实有趣。这就是读诗的享受。但对于每一首诗，我和圆圆更多的是把时间花在一次次的读和一次次的背诵上。

我们从学习中体会到，**大量的朗读和背诵仍然是学习古诗词最经典的方法，这是我国传统的语文教学方法，这个方法最简单也最有效**。"书读百遍，其义自见"，前人对这一点已总结得很精辟了。

这种学习方法看起来简单刻板，实际上很有道理。

著名学者、北大中文系教授钱理群先生说："我们传统的启蒙教育，发蒙时，老师不作任何解释，就让学生大声朗读经文，在抑扬顿挫之中，就自然领悟了经文中某些无法（或无须）言说的神韵，然后再一遍一遍地背诵，把传统文化中的一些基本观念，像钉子一样地揳入学童几乎空白的脑子里，实际上就已经潜移默化地融入了读书人的心灵深处，然后老师再稍作解释，要言不烦地点拨，就自然'懂'了。即使暂时不懂，因已经牢记在心，随着年龄的增长，有了一定阅历，是会不解自通的。"[1]

"少讲多读"并没有影响圆圆对诗歌的理解，我经常发现自己以为简要的解释，有时也是多余。记得圆圆五岁时第一次读到"李白斗酒诗百篇，长安市上酒家眠，天子呼来不上船，自称臣是酒中仙"时，她觉得李白好潇洒，觉得这首诗特别好玩。我们刚刚读完，她就对这首诗进行了改编——把"李白"改成"圆圆"，把"长安"改成"烟台"，把"臣"改成"俺"——逗得我们一家三口哈哈大笑起来。无须解释一个字，我知道她已经理解这首诗了。

读得多背得多了，不仅字面意思圆圆很容易理解，她也逐渐学会领略诗歌中方方面面的美。圆圆上小学时，有一次我和她一起读杜甫的《登高》，当我们读到"无边落木萧萧下，不尽长江滚滚来"时，她沉默片刻，轻叹一口气，忍不住地说："写得真好呀！"我从未解释过这句诗，事实上我也无从去"解释"，但她读懂了，她被这语言之美深深打动了。

孩子之所以能对学习古诗有长久的兴趣，也在于家长从来不把背古诗当作一项单方面加给她的任务，而是当作共同的爱好，一起来慢慢享受。 我们一起想象"乱花渐欲迷人眼，浅草才能没马蹄"的景致；又一起享受"绿蚁新醅酒，红泥小火炉"的温暖。圆圆背诵古诗的过程一直也是我背诵的过程，我尽量和她一起背，尤其在她小时候，凡要求她背的诗，必定也是我会背的。在教她的过程中，我也复习和背诵了好多古诗词。

圆圆认字后，我总是把要背的诗抄到一个小本子上，经常在乘公交车或饭后睡前的时间和圆圆一起读几句背几句，不知不觉一个小本子就用完了。每背完一个小本，我们就会觉得很有成就感。

1　钱理群，《语文教育门外谈》，广西师范大学出版社，2003 年 7 月第 1 版，第 20 页。

圆圆阅读和背诵的首先是唐诗，后来又背诵宋词，再后来又背了一些元曲。小学期间背的篇目最多，上初中后，开始背一些长诗，比如《长恨歌》《琵琶行》等。

圆圆刚开始背长诗时有一些困难，我们就采取了化整为零的办法，每次背一小截。当时她住校，每周回来往小本上抄几句，然后拿到学校去背，不断地把新背的和前面背过的连起来，一首长诗就一点点地解决了。

事实上诗歌越背越容易，这方面也同样熟能生巧。

开始时圆圆背一首诗比较费时间，到后来，一首绝句只需花几分钟读两三遍，看看注解，合上书就背下来了。即便是背长诗，基于以前背诵的功底，她背诵的时候也比较容易。

整个中小学期间，圆圆在学习古典诗词方面显得比同学们轻松多了，一方面是课本上学到的诗词她基本上都已提前背过，另一个方面就是她具有了更好的背诵能力。读初中时，她回家跟我说，语文课学《琵琶行》，要求大家背诵，不少同学觉得太难背了，还有同学责怪白居易，说他干吗把诗写那么长，这不是为难人吗！

在保护孩子学习古诗的兴趣方面，我觉得还要注意的是，带领孩子学习古典诗歌的动机一定要单纯。

一些家长在孩子背会一些诗后，总是要求孩子给客人表演背诗；还有的家长不断地计算孩子背会多少首，仿佛背诵是为了一个数字；也有家长直接告诉孩子，多背些诗对写作文好……

诗歌是一块精美的蛋糕，我们把它送入口中，只是为了品尝它的香甜，不是为了某天向别人炫耀我吃过蛋糕，也不是为将来某一天可能饿肚子而储存更多热量。在享受之外没有其他功利——背诵是为了更好地把那些诗句内化为自己的东西，更好地体会诗歌的语言美、意境美、想象美，而不是为了"会背诗"。在诗歌之外没有任何其他目的——这才是应有的目的。

所以不要强迫孩子给别人表演背诗，不要当着孩子的面对别人说他背会了多少诗，这样才能让孩子对诗歌有单纯的心境，也才能产生真正的好感。

只有喜爱，才能谈得上接受。如果一个人在读诗中从没有为诗中的情打动，从没为语言的美吸引，从没为智慧而深思，纵使他会背一万首诗，也还是个不会读诗的人。

我见过某民办教育机构出了一张据说能让孩子们快速背会上百首古诗的光盘，它把古诗配上快速变换的动画和动感十足的音乐，以现在歌坛流行的快节奏的"说唱法"念出来。事实是所有的诗都变成了配乐"快板儿"，不管什么内容都用一个味道念出来。我怀疑这样背诵来的东西也不会记忆深刻，难以在记忆中扎根，从长远来看，实际上是浪费时间。

圆圆在背诵古典诗词的过程中，也接触了一些好的现代诗。她真正感受到了诗歌的美，甚至产生了自己写诗的冲动。

她在小学时，就自己尝试着去写诗。有一次我们一起到海边玩，快到海边时，远远望去海水很蓝；当我们走到沙滩上，发现海水是绿色的，因为那天有些海藻；她光着脚丫跑进水里，发现脚丫白白的，水根本没有颜色。她就用手捧起水来，对我说了她看到的海水颜色的变化。我说，你发现诗了。回家后，她在我的指导下，写出这些文字：

> 我站在远处看海／海是蓝色的／我站在近处看海／海是绿色的／我用手捧起海水／咦，大海的颜色跑哪儿去了？

这是她七岁时写的诗。过了不久，我给她换了一块新枕巾，蓝色的。

她说像大海的颜色。我开玩笑说，枕着它可能会梦见大海。她顺着我的话说，再加块黄色的就可以梦见沙滩了。她又马上想象，要换成绿色的，是不是就可以梦到草地了？我亲亲她的小脸蛋说，你说的话就像诗一样，写下来吧。圆圆后来就写了这样一首诗：

> 我枕着蓝色的枕巾／梦见了大海／我枕着黄色的枕巾／梦见了沙滩／我枕着红色的枕巾／梦见了玫瑰花／我枕着绿色的枕巾／梦见了草地／我枕着各种颜色的枕巾／做了各种颜色的梦。

这些诗说不上有多好，也就是小学生的水平；但能从生活中发现诗意，她的生活因此不一样了。她上中学后偶尔也写诗，有的写得还真是不错。

圆圆对古典诗词的兴趣一直很浓厚，理解得也很好。高中时的语文老师很欣赏她这方面的修养，让圆圆给同学们讲过两次古诗赏析。圆圆认真准备后，在课堂上把那两首古诗解读得非常好。据说有的同学居然听得很感动，评价说第一次被一首诗打动，发现古诗这么美。

她在写作文时经常引用一些诗句，文章因此颇有文采，作文成绩一直不错。2007 年北京高考作文试题正好是对一句古诗的解读，那句古诗是"细雨湿衣看不见，闲花落地听无声"。以圆圆平时对古典诗词的领悟力，她读完这两句诗时，肯定容易找到感觉。她从老子的"大美不言"写到在平凡中创造不凡业绩的当代楷模方永刚。她的语文获得了 140 分的高分（总分 150 分），作文应该有不错的成绩。圆圆觉得自己很幸运，说一直以来的古诗词背诵在这次考试中帮了大忙。

有的家长因为自己没有读诗的爱好或能力，想到教孩子读诗，可能会觉得为难。这其实没关系。就像我们不需要是高级厨师也可以品尝饭菜的鲜美一样，家长也不需要对古诗有多么精到的研究才可以教孩子。诗歌就是美味的精神饭菜，去品尝，感觉它的美就够了。我在前面谈到家长最好和孩子一起学习，只要能做到这一点即可。

现在有很多不错的古典诗词选读本，一般都有较完备的注解，读懂应该没有问题。可以多买几个版本，挑自己喜欢的去读，对照着去理解。有的句子暂时读不懂也没关系，以后读得多了自然会懂。况且对诗歌的理解本来就是多元的，不一定要寻求什么标准解释。本书第一版出版后，经常收到读者希望我推荐古诗读本的请求，因此我和作家出版社合作，主编出版了《一周一首古诗词》[1]。这套书精选三百首诗歌，上自《诗经》，下至清代诗，基本上覆盖了小学教学大纲中全部古诗词。这样既让孩子能接触到精选的优秀古诗，又配合了学校教育，同时还可能减轻孩子的学业负担。注解文字经过反复推敲，简洁明了，即使小学生也能看懂。插画及版式由著名画家李钊及其夫人潘爱清两位老师亲自绘制和设计。为方便随身携带，特意赠送和内容相对应的"口袋本"，巴掌大小，相当于圆圆当年用的手抄小本子。我个人认为这是一套非常适合少年儿童学习的优质读本。

只要家长能经常和孩子一起去读去背，这方面修养自然会加深。孩子的感悟多半比家长更好，他在简单的诵读中，也会有好多收获。家长和孩子一起去学习，是件非常奇妙的事情，更容易唤起孩子的兴趣，也会让双方都有很强的成就感。

孩子学古诗从幼儿时开始较好，但也许你的孩子已上中学。这也没关系，读诗任何时候开始都不晚，学习是件终身的事情，不存在绝对的

1　尹建莉主编，《一周一首古诗词》，作家出版社 2016 年。

"错过时机"。也许你还会顾虑孩子的功课太紧张，没时间。这需要我们动些脑筋，让孩子少上一些课外补习班，多利用时间的边角料，时间总能找得到。

现在社会上出现了一些学习班，专门学习古典诗词文赋。是否要报这些班，家长应慎重。一般情况下不建议上这种班，没必要，这个活动完全可以在家庭里完成。当然，如果有幸遇到一个古典文学修养好的老师，又会引导孩子阅读，孩子很感兴趣，这样的班就可以参加。只要孩子不想去，有厌倦感，就绝不要勉强，哪怕已报名也应该立即停止。

任何学习班，孩子们喜不喜欢去上课，是衡量它办得好不好的最重要的标准。

诗歌从形式上只是一种文学作品，它带给人的却远不止文学滋养，而是文化素养。热爱诗歌的人从诗歌中收获的东西远大于诗歌本身。

据说诺贝尔奖获得者杨振宁先生从小表现出超常的数学才能，刚上中学一年就把中学几年的数学都学完了。有人建议他去学习更高深的数学知识，他父亲不同意。他父亲是一位大学数学教授，他对杨振宁提出的要求却是，花几年的时间去学中国古典文学。后来，杨振宁先生在多个场合谈到中国古典文学对他的熏陶，认为这种熏陶对他的科学研究有深刻的影响。

同样，前总理温家宝的古诗文修养也让人津津乐道，他在每一次重大的记者招待会中，都会信手拈来一些诗句，为他清晰、严谨的讲话增添深情而动人的色彩——文化修养带来的不仅是知识本身，它还是完善的思维方式。

我国古典诗歌浩瀚如大海，璀璨如星河，每个人所接触的不过沧海一粟；并且对所接触的有限的篇章，我们也不敢说完全读懂了读透了——即便这样，已受益匪浅。

有一次，我看到圆圆上高中时写的一个小随笔，里面有这样一句话："从初中到现在，我在每一个摘抄本里都抄了白居易的《长恨歌》。有人说《红楼梦》是读不尽的，我认为，《长恨歌》也是读不尽的。"她有这样的感觉，我真的很欣慰——生活里有些美丽的爱好，那是怎样的一种滋润；人生中有些读不尽的东西，那是怎样的一种财富啊！

所以，我最后想说的是，被古诗滋养的孩子，得到的不仅仅是诗情和文采，实际上也成为被生活和命运多一份垂青的人。在平凡的生活之外，他更有一个"桃花流水窅然去，别有天地非人间"的世界。让孩子多读些诗吧！

经典背诵要注意的几点

培养习惯并不是培养刻板行事，重在培养做事的兴趣。

童年是记忆的黄金期，抓住这个时期让孩子背诵一些经典诗词，既是智力启蒙，也是人格培养。

所谓背诵，首先是诵读，然后形成记忆，合起来即背诵。

诵读能促进儿童的语言发育，形成良好的语言节奏。而记忆力像其他能力一样，也是用进废退。儿童时期的背诵，不但记得牢，背诵对记忆力本身也是一种训练。很多人记忆力不佳，这和他们早期缺少相关训练有关。

建议幼儿最好先背诵诗歌。因为**人类最早的艺术形式就是诗歌，诗歌是和童年最接近的文学形式，**它文字精美，平仄押韵，朗朗上口，很容易被孩子喜欢。并且诗歌一般比较短，容易记忆。如果一开始就让孩子背篇幅较大的东西，如《道德经》或《大学》《论语》等，恐怕会让孩子畏难，影响兴趣。

在经典背诵方面，中国人显得尤其幸运，《诗经》以来的各种诗词歌赋等经典文学作品，流芳千百年，都可以成为背诵内容。

经典之作不仅有优美的文字，更有永恒的内涵。把它们早早放进如白纸一样纯洁的大脑中，作为能量储备，这些东西迟早会转化为孩子内在的文化财富。孩子的大脑先被好东西占领，以后遇到差东西，他自然就不屑去接受。

中国人其实早就这样做了，千百年来中国传统学校教育使用的就是背诵，效果当然也是有目共睹的。可惜的是传统私塾教育没有发展出其他教学内容和教学方法，一条腿走路，也没有对这"一条腿走路"中存在的问题进行改善，越走越跟不上现代学校教育的步子。人们在批判传统教育时，找不到别的目标，就把矛头集中到了这一条腿上，事实是所幸还有这一条腿。

民国开始建立现代化学校教育，中西方教育开始融合，传统的"一条腿"教学尽管饱受责难，按惯性还在使用着，它也确实仍然有力地支撑着教育的重任。所以在那几十年间，中国教育呈现出新局面，人文、科学各领域产生了不少国际级大师，哪怕是文化界那些完全否定文言文的白话文倡导者，他们自身其实也是文言文的受益者。新中国成立后，古典文学的学习被挤得仅剩立锥之地，经典背诵被一些无聊的内容挤占，语文教育全面沦陷。

时至今日，不断有人站出来反对经典背诵，担心这是"机械记忆"，对儿童不好。这是把当下课程学习中的"死记硬背"和"经典背诵"混淆了。其实两者完全不同，分水岭是：第一，孩子背诵的内容是经过时间检验的经典，还是用于考试的标准答案。第二，孩子是在愉快的情绪体验中背诵，还是在被逼无奈中完成一件苦差事。

还有人认为学龄前孩子不应该背古诗，原因是孩子不理解。

在欣赏艺术作品时一定要附加上某种现实的功能，这样的念头十分功利。难道某一种艺术作品一定要"理解"才可以去接触吗？不懂绘画可不可以去欣赏画作？不理解交响乐可不可以享受音乐之美，不懂芭蕾可不可以欣赏舞蹈之美？

幼儿背诵完全可以"不求甚解"，在这一点上家长不必有顾虑。孩子愿意诵读，能背一些，就已经很好，本身就是滋养。"理解"的事，交给时间，时间自然会解决。

如何带着孩子进行诗歌背诵，我的另一文章《古诗滋养的孩子》有详细说明。在这里再补充几点。

第一，这项工作可以做得更早一些，从孩子几个月就可以开始。具体办法为，把古诗当作普通儿歌，在和孩子玩耍或哄孩子睡觉时，顺口背给他听。比如在哄孩子睡觉时，随着轻轻的拍打或晃动，有节奏地反复背几首古诗，这对孩子来说，和听摇篮曲一样。不要在意孩子理解不理解，这是一种潜移默化，记住没记住并不重要。

第二，不要操之过急，目的性不要太强，不要刻意引导孩子去背诵。把背诵当游戏，和孩子一起去玩就可以了，千万不要做成任务。不要计较孩子花多长时间背会一首诗，也不要在意他背会又忘了，这些都正常。对背诵持有游戏心态，反复做，慢慢就记得多记得牢了。孩子成长是个比较长的过程，一切教育行为切忌操之过急。

第三，经常在某个固定时刻或固定场合下背诵，让孩子慢慢养成一种习惯。比如把每天饭后小憩或临睡前的时间当作背诵时间，孩子到那个时间就会很自然地想要去背一首诗。

圆圆小时候我经常在带她乘公交车时一起背诗。我总是把她要背的或背过的诗抄到一个小本上，后来圆圆养成习惯，每次我们准备出门去坐公交车时，她都会提醒我带上小本，偶尔忘了带，她会觉得车上的时间很无聊很长。

你的孩子最喜欢什么时间、什么情况下背诵，这需要家长慢慢观察，慢慢培养，以双方都感觉适宜为好。要注意的是，有时孩子会很有兴趣地依习惯行事，有时会打破习惯。比如本来天天睡觉前背一首诗，偶尔一天或几天却不想背，甚至两个月都不想背一首诗，这种情况也都正常。不要强求，培养习惯并不是培养刻板行事，重在培养做事的兴趣。

背诵不必求多、求快。孩子不同，背更多或更少都是可以的，不必在数量上有执念，量力而行，依兴趣而动。

除了古诗词，建议诵读《笠翁对韵》。经常读，读到出口成诵即可，不必背。

之所以推荐这个读本，因为这是一本奇书。孤立的文字本身是单调的，本书却以一唱三叹之姿，技艺娴熟地把五千汉字对称地摆布开来，仅凭单词就组合出华章满篇。历经三百年，仍遗世独立，风采无限。它没有小说的故事情节，没有诗歌的情感起伏，没有散文的咏叹抒怀，却趣味横生，节奏鲜明，气势宏阔，知识丰盈，读来让人感觉唇齿留香，美不胜收。

《笠翁对韵》对中华文字之美进行了最直观的展示，尤其对儿童语汇水平的发展提供了一个简便又高端的入口。说它是中华文化瑰宝，一点都不过分。

我不赞成诵读《弟子规》，我认为它在观念上糟粕太多，不适宜当代人。当然，这可能是个人偏见。如果喜欢，读读也无妨。

第四，经典背诵不一定需要上"国学班"。国学不是一门技巧，是一种文化熏陶。现在有太多三教九流打着"国学"的名义传播一些糟粕，施行一些劣技。随意把孩子交给一个什么班，是在增加教育风险和经济负担。所以，如果不是特别了解某个老师的国学修养和人品修养，不要轻易把孩子送到外面机构学国学。家是最好的教室，在家里自己带孩子背诵一些东西是件非常简单的事，并不需要家长有很高的文化程度或必须懂诗词。把共同诵读当作亲子共处的美好时光，和孩子一起学习一起享受，最终受益的不仅仅是孩子，也是家长。

最后要补充的是，我说过不赞成给孩子背儿歌，这是相对于古诗词背诵而言的，担心有些家长以为孩子不懂古诗而只给孩子读儿歌，甚至要求孩子背儿歌。儿歌其实也有启蒙教育的功能，遇到写得很好的儿歌，或父母那里流传下来的趣味民谣等，完全可以读给孩子听。这些东西一般具有口语化、通俗性和趣味性的特点，它亦很受小朋友喜欢。

我自己记忆中有一些小时候从妈妈那里听来的民间童谣，我相信那些童谣对我有很好的启蒙作用，一辈子都记得它们。在我女儿圆圆小时候，我也经常会把那些童谣念给她听。这些童谣在今天看起来可能不那么高雅，但它们往往有趣，如"哑巴唱歌聋子听，瘸子跑了第一名……"圆圆总是被这夸张的、不合逻辑的童谣逗得哈哈笑，很感兴趣地要我一说再说。

有的人可能担心这些民间童谣内涵不佳，对孩子形成不好的影响。这样的担心是多余的。人需要娱乐，娱乐之"乐"本身就是很好的心理调适；而且，娱乐也往往止于娱乐，它没必要承载太多的东西。社会需要伟大的政治、杰出的思想、优美的文学，也需要赵本山的小品、郭德纲的相声。企图把一切娱乐都附加上道德教化功能，去人性化，才是廉价的。假惺惺的东西既缺少美感，也没有任何道德教育功能。而培养趣味和幽默感其实也是早教的一部分。

开小卖部

和生活结合的学习效果更好，源于生活的教育可以无处不在。

我发现，和孩子玩"开小卖部"，是一项非常好的活动，通过这个游戏教孩子学加减乘除，可以有效地促进孩子的数学运算能力，是一种真正寓教于乐的学习方法。

圆圆四岁左右，我有一段时间教她学计算，开始采用的就是扳着手指头做"2＋3"等于几这样的方法。她开始还挺喜欢做，时间稍长就表现出厌倦了。我就想，有什么方法让孩子又能学计算，还有兴趣呢？

那时候社区超市还没出现，各居民点一般都会有一两家"小卖部"，圆圆很喜欢和我一起去小卖部买东西。我每次都让她去告诉店主买什么，并让她把钱递给店主。当时只是为了让她学会做事，学会自然地和人打交道。没想到这让她很小就对钱的作用有概念了。

有一次圆圆和我从小店买东西出来，她满眼羡慕地说自己长大了要开小卖部。我问为什么，她说咱们买东西要花钱，开小卖部的人就不用花钱。我后来发现她和邻居小朋友在一起玩开小卖部的游戏，互相扮演店主和顾客，扮店主的人总是很有几分得意。看来她满心想做个小店主，由此我想到和她玩开小卖部的游戏。

圆圆做了小店主，我和她爸爸当然就是顾客。我们拿一些东西给她在地下围出一个"小店"，并摆上各种"货物"，货物有真的，有替代品（比如她最喜欢吃的雪糕就得找替代品），只要她明白就行，然后我们轮流光顾她的小店。

我们认真地浏览她的商品，选定要买什么，问她这个多少钱那个多少钱，有时还要讨价还价一下。付款时，一般情况下都是需要找一些零钱回来的，比如买一根筷子六角钱，我们一般会给她一元钱，这样她就得找四角钱出来。

开始时都是她自己定价，小孩定价，无论大小都是一个比较整、比较简单的数字，比如一元、两百元等。她一般不用一元四角或二百零三元这样的定价来为难自己。

玩过几次后，我们就暗暗地把她往稍复杂些的计算上引。

比如雪糕原来卖一元一支，我们就建议说，这几天雪糕涨价了，每支一块二了，你这里要不要涨价啊，涨价可以每支多赚两毛呢。然后我们给她两元钱或五元钱，这样她的计算就比较复杂了。

圆圆开始时不喜欢这种有零头的定价，这给她的计算带来麻烦了。我就在带她到外面小卖部买东西时，让她注意一下小卖部商品定价基本上都有零头的事实，于是她的"价格"都变得有零头了。

开小卖部的计算难度上升时，过渡应自然，这样会保持孩子的兴趣。

我们开始时一般都是玩一百元以内的加减法，稍后就给她一些建议，认为某个东西应该很贵，可以把价格定到三五百元。我印象中圆圆在四岁左右时，可心算五百以内的加减法，这基本上是通过"做生意"学来的。

开小卖部游戏大约一直玩到圆圆上小学二三年级。她学习乘法和除法时，我就暗暗在游戏中加进了相关知识，比如一根铅笔九分钱，我要求一下买八根；或者一包饼干四元钱，里面有十块，而我只想买三块。这样，她就得动用她的乘除法知识来计算了。

"开小卖部"的过程就是孩子不停地做"应用题"的过程，这对孩子有很好的数学启蒙效果。数学教育不要一下把孩子拉到抽象的数字上，不要拿一些干巴巴的枯燥的计算来为难孩子。要让孩子在游戏中感受数字，让他体会到计算不是抽象的东西，是存在于周围生活中有用的东西，和我们的日常生活密切联系着。

圆圆读小学一二年级时，当别的同学在抽象的数字里苦苦挣扎时，她却对每个题一眼看透，觉得那些题都太简单了。

圆圆读完二年级直接上四年级，当时学校的教导主任有些担忧。说三年级是比较关键的一年，这一年的学习内容较难，尤其是数学。于是我找来三年级上下两册数学课本，用十天的时间和圆圆一起学了一遍，她掌握得很好。开学后和一些上过三年级的孩子一起考试，她的成绩最好。

并非圆圆是什么特别的天才，而是相关知识她在"开小卖部"时早已用过了。当"店主"动的脑筋，使她的数学思维能力大大提高，学起课本来就十分轻松。

儿童身上有一种喜好模仿成人生活的天性。我记得自己小时候玩过家家，特别快乐。我想，圆圆"开小卖部"的感觉一定和我玩过家家时的感觉一样，只是她不知道自己在玩的过程中已学习了计算。

所以，学习为什么非得是"苦的"不可？学习也可以在快乐中进行。而且，在快乐中进行的学习会让孩子学得更好。我们都希望孩子喜欢学习，如果把学习做成一颗酒心巧克力，孩子如何能不喜欢；如果把学习做成一颗苦丸药，孩子又如何能喜欢？

在玩"开小卖部"游戏时要注意几个问题。

第一是不要把用意告诉孩子。

玩这样的游戏，在家长这里是为了让孩子学会计算，如果你把这个目的告诉孩子了，或被他察觉了，孩子就会失去游戏的兴趣。**要让孩子觉得这仅仅就是个游戏，只是为了玩。大人在和孩子玩时，要拿出认真而单纯的心态，把自己当成孩子一样投入地去玩，不要在这个过程中有任何说教，更不要因为孩子算错账训斥孩子。**

第二是避免造成孩子不好意思。

我们在和圆圆玩时，刚开始圆圆对什么东西定多少价没感觉，完全是随意报数字。比如她把一小块"蛋糕"定价成一百元，她爸爸就很夸张地说："啊，这么贵啊！"她爸爸是为了制造气氛，以他所熟知的市场价格来感叹，可他的口气把圆圆吓住了。圆圆从爸爸的口气中感觉自己定的价格太离谱，有些不知所措。再问到下一个东西的价格时，她报价时就有些胆怯和不安，犹豫地说出一个数字，然后等待大人的反应，试探定得对不对。这样玩下去，孩子的注意力就不能集中在玩耍上，时间稍长就会感到紧张和厌倦。我赶快出来打圆场，告诉她爸爸说这块蛋糕做得特别香，值这么多钱，定价合理。

事后我私下告诉圆圆爸爸，以后无论孩子定价多少，都不要那样大惊小怪。不要以你的生活经验来干扰孩子的思维，孩子并没有市场价格概念。我们只是为了让她学会计算，不是为了让她学会做生意，所以她怎样定价并不重要。她完全可以把一斤米定成两百元，也可以把一个纯金戒指定成四角钱。

第三是不要让计算为难孩子。

家长要记住的是，这是个游戏，不是数学课。家长可以通过"买卖"发展孩子的计算能力，但不可操之过急。**在游戏中要把孩子的乐趣放在**

==首位，学习放在第二位。计算的难度可以慢慢提高，但不要让太难的计算干扰乐趣==。如果孩子在买卖中屡屡感到计算的困难，他就会有受挫感，就会失去兴趣。

第四是不强迫孩子玩。

不要为了让孩子学习而频频地玩同一个游戏。这个游戏我和一些人讲过后，就有人回家天天和孩子玩。开始孩子还有兴趣，但连玩三天后就不想玩了，家长就左说右劝地要孩子玩。

也有那样的时候，就是刚开始玩，一笔生意还没成交，孩子就因为什么原因突然不想玩了，这时家长也不要强迫，只要孩子表现出不想玩了，就要立即停止，以免败坏了孩子对游戏的胃口。如果家长在游戏中表现得太积极，还容易让孩子察觉你的用意。

第五是尽量用真钱。

我开始和圆圆玩时，不想用真钱，觉得那样不卫生，就用一些纸片写上面值来玩。但发现孩子对假钱没兴趣，小孩子一旦意识到钱可以换来想要的东西时，她就会对钱情有独钟。用真钱可以让她在玩耍中更投入，玩罢注意洗手就是了。

写到这里我想到：如果把孩子每一次"赢利"记录下来，并且把他赚的钱另存起来，给他买东西时就用这笔钱，可能会更好地刺激他玩耍的兴趣。这一点在圆圆小时候我们没做，只是猜测这样做会更好。

第六是增加游戏变数，尽量使每次游戏略有不同。

一般来说孩子愿意做"店主"，尤其是开始时。玩过几次后，为了保持游戏的新鲜感，可以和孩子互换角色，让孩子再回到顾客的身份。无论谁扮顾客，都可以扮不同的角色，或形成不同的组合，有时是老爷爷老奶奶，有时是小朋友，有时是医生或教师。不同的身份有不同的事情和需求，这样就会有很多故事产生。还可以让家里的各种玩具参与进来，如毛绒小狗和小熊等来买东西，当然是有人替代它们说话和付钱。

我们和圆圆除了"开小卖部"，还"摆菜摊"。她有时也愿意当菜市场小贩，我们就用小纸片画上各种蔬菜水果，或找来各种替代品，和她玩卖菜。为此我特意到中药房给她买了一杆小秤，因为当时市场上小贩们一般用的都是有提杆有秤砣的手提秤。圆圆还自己找个大塑料袋剪成小块，用胶袋粘成好多小塑料袋，当作一次性袋子提供给"顾客"。

"开小卖部"给出的启示是：==和生活结合的学习效果更好，源于生活的教育可以无处不在。==

教孩子学习并不一定需要坐在书桌旁，只要有心，处处能发现教育的机会。比如，最早教孩子从 1 数到 10 时，如果你只是口头反复念叨这些数字，孩子听到的只是音节，他其实不知道这些音节代表什么，也就不理解这些"1、2、3、4"是什么东西。如果在抱着孩子上下楼时，每次都边走边数台阶；打开一盒巧克力时，一定是先数数里面有多少粒然后再吃。总之，凡念叨"1、2、3……"时，总和一个具体的事情联系在一起，孩子就记得更快，并且建立起数的概念。

我清楚地记得圆圆两岁半时，有一次她爸爸从外地回来，给她买了一组六个的娃哈哈乳酸奶。她上午喝了一个后，我把剩下的放起来了。下午她突然问我："那五个娃哈哈在哪儿呀？"她居然知道还有五个，这令我有些吃惊。当时她还不会做加减法，她这时数的概念应该就是来源于我经常和她"1、2、3、4……"地数各种东西吧。

孩子进入学校教育后，仍然可以通过"活动"学习功课。我发现让孩子当"小老师"给家长讲课是一种不错的学习活动。

圆圆刚上小学时，老师教他们学拼音，我为了让她能尽快掌握，就对她说，妈妈小时候没好好学拼音，我的老家讲方言，老师教我们拼音也不标准。你在学校学了拼音，晚上回来教教妈妈行不？我说得很诚恳，圆圆一听很高兴，说行。然后她就每天把自己学到的东西回家教给我，我也认认真真地听她给我讲，认真地学。

玩"小老师"时我注意了这样几个问题。

第一，在设计这类活动时要"赋权"，让孩子"掌权"。

做"小老师"和"开小卖部"一样，都是让孩子在实践中运用知识、学习知识。它们还有一个共同特征，就是让孩子觉得自己"有权"了，这也是为什么这样的游戏能吸引孩子的一个原因。所以在这类活动中要让孩子成为活动的主角和主动者，不要让他在活动中感觉自己被动、受大人指使。

第二，要选择那些答案或内容比较确定的东西让孩子来讲。

语文方面我只让圆圆教过拼音，因为语文学习是开放式的，孩子不好讲，讲了也没什么意义。我让她讲的一般是数学，因为数学具有封闭式的严谨。同时还要注意的是，讲课这个事不适宜经常做，一般是暗暗观察孩子的学习，只有发现哪一段时间她掌握得不太好，才会让她给我讲课。这也如同"开小卖部"一样，不要让孩子在活动中感到厌倦，要想办法保护兴趣。

第三，家长提出要求的方式要自然，不能总用自己小时候没学好这一个借口。

比如有时候我会从她作业本上找到一个错误，而这个错误是因为她在概念上不太清楚所致，然后我假装惊讶地说："这道题好像做对了，老师怎么给打了错呢？"于是我招呼圆圆，看看是她做错了，还是老师判错了。在这个过程中，我既要装糊涂又要引导她往正确的方向思维，圆圆为了搞清楚是自己错了还是老师错了，她也会认真地和我一起来分析，重新思考概念。结果当然证明是她把题做错了，但她至少纠正了妈妈的"错误"，这同样让她有成就感；同时，之前没把握好的概念也基本上把握了。

第四，不要在这个过程中挑剔孩子讲课的毛病，更不能嘲笑他讲课中的错误。

家长既然做学生，就一定要拿出诚意，认认真真听孩子讲课。和"开小卖部"一样，不要让孩子察觉你的用意，否则他只是觉得父母用这种方式来考查他，就不会感到自豪，也就不会有兴趣。如果孩子的思维或陈述有错误，要委婉地讲出来，或用启发的方式引导他往正确的方向思考。千万不要让孩子觉得因为自己讲得不好而丢面子。这个过程中家长只要有一点教训或嘲弄的意味，孩子就会特别沮丧，失去讲课的自信。一定要让孩子在这个过程中体会到成就感。

2004 年，我听到当代著名教育家、时任北京四中校长的刘长铭先生的一个演讲。他在出任校长前是该校一名优秀的物理老师。他讲到自己在担任物理教师时，他的学生有谁在考试中哪道题出了错，他就会让这个学生把这道题重新做了后，再给全班同学讲一遍。

"做一遍"和"讲一遍"的效果是全然不同的。能清楚地讲一遍的东西，它必定包含着认真的思考，并已经清楚地理解，然后才能清晰地讲出来；讲过的东西会更深地印在大脑中——如果说"做一遍"只是再一次学习，"讲一遍"就已成为一种实践，这对学生们来说也是一项知识应用活动，能让他们掌握得更好。

这项活动在家庭中也可以应用，当家长想给孩子辅导功课时，你不如让孩子给你"辅导"一次功课。当然你要想办法把事情做巧妙了，能让这项活动自然发生，而不要让孩子感到紧张和别扭。

我听一位家长说他儿子刚上高中时数学不好，遇到问题轻易放过，不肯钻研。他看了孩子的数学课本，觉得那些内容已超出了自己的知识范围，自己也辅导不了。按一般人的思路，是给孩子请个家教，或报个课外辅导班，但他考虑了别人的辅导水平及方便性，觉得自己学会了再来辅导儿子更好。于是他开始啃儿子的数学课本。儿子当时的数学水平好歹比他强，他有不懂的地方就问儿子。孩子在讲的过程中也有许多不清楚的地方，他们就一起去研究，研究不通的就让孩子去学校问老师或同学，回来再给父亲讲。做父亲的当学生不是做样子，他是认认真真地学习。当他发现自己的数学水平大有提高时，儿子的数学成绩也进步明显，而且孩子学会了对问题进行追问，不再像以前那样有问题放着等别人来告诉他，比上补习班的效果好多了。

总之，**家长们与其在孩子的考试分数上操心，花钱花力气，单方面逼着孩子学习；不如用些心思，设计和制造一些包含相关知识的事情来让孩子去做，让孩子有机会运用他所学的知识解决一些实际问题。**

实践与应用是最好的"课外补习班"。除了上面举例的"开小卖部""当小老师"，肯定还能找到不少方式。比如家长结算家庭财务账时，找托词说计算器坏了，请上小学的孩子帮忙用笔计算一下；电器坏了，可以和物理课上学过电学的孩子一起运用他的知识去尝试修理一下。尤其是从孩子的兴趣中找到需要把握的知识，把他的兴趣和活动设计到一起，那是最好的。

苏联教育家苏霍姆林斯基认为："儿童学业落后的原因，就在于他没有学会思考。周围世界里的各种事物、现象、依存关系和相互联系，没有成为儿童的思考的源泉……让实际事物教给儿童思考——这是使所有正常儿童都变得聪明、机敏、勤学、好问的一个极其重要的条件。"[1]

美国著名教育家杜威的核心教育思想，即少年儿童应该从生活中学

1 [苏]苏霍姆林斯基，《给教师的建议》，杜殿坤编译，教育科学出版社，1984年6月第2版，326页。

习，在做事中去学习，而不是在书本里学习。他认为教育中永远成功的教学方法就是"给学生一些事情去做，不是给他们一些东西去学"。[1]

所以，当家长想要孩子的学习进步时，不要忙着把孩子拉到书本上，拉到课外班里，应该创造些机会，让孩子运用他所学习的知识解决一些问题。无论学什么，如果我们为孩子创造出了"开小卖部"的实践机会，那孩子多半就不会为学习苦恼了。

1　[美]杜威,《民主主义与教育》, 王承绪译, 人民教育出版社, 2001年5月第2版, 第169页。

第二章

如何提高爱的质量

父母之爱都深如大海，但有质量差别。决定质量高低的，是对孩子的理解程度和对细节的处理水平。

给小板凳揉揉疼

　　善良和豁达永远是相随的。一个能给小板凳揉疼的孩子，她对别人会有更多理解和爱心，遇到问题从不偏执于自己的理由和利益。这样的思维方式，不仅让她在当下心情愉快，也能保证她一辈子不吃大亏。

　　经常有这样的情况，幼儿玩耍或走路时，不小心磕碰到什么东西，碰疼了，哇哇地哭。家长为了安慰孩子，就会一边哄孩子，一边故意举手打那个"肇事者"，责怪它为什么碰疼了孩子，做出给孩子"报仇"的样子。然后安慰孩子说："咱们打它了，它再不敢碰你了。"孩子可能在这时候会有些安慰，破涕为笑，家长也会感到很满意。

　　这是一种不好的方法，是"复仇行为"，它教给孩子遇到不痛快就去责怪别人，教给他不宽容和报复，不利于儿童的心理健康。

　　大人可能会想：桌子碰了孩子，我不过是打打桌子，桌子又不懂得疼，这有什么，我没教孩子打人啊。其实，在孩子看来，万物同物，对一棵草说话与对一个人说话一样，对一张桌子的态度与对一个人的态度一样。有时候，一个小女孩对心爱的布娃娃的感情绝不逊色于她对同胞姐姐的感情。单纯如一张白纸的孩子，任何事情于他来说都是全新的，任何经历在他这里都是体验和学习。

法国思想家卢梭在他著名的教育论著《爱弥儿》中谈到人的道德面貌形成时认为，人在开头的一刹那间，也就是尚处于天真纯洁时期所接受的感知，将对他的一生产生不可磨灭的影响。[1] **在孩子幼小时，每一个生活细节都可能成为蕴含重大教育意义的事件，儿童教育中无小事，每一件小事都是"大事"，都可以发展为孩子的一个好习惯或坏毛病。** 家长对此应敏感，要用一些心，让每天遇到的一些"小事"，都成为砌筑儿童美好情操大厦的一砖一石。

孩子小时候，轻微的磕伤碰疼的事会常常发生，我女儿圆圆当然也一样。我们一方面非常注意她的安全，另一方面这些事情发生时，也不过分大惊小怪。尽量以轻松快乐的心情相对，让她觉得这是平常的甚至是有些趣味的事。如果大人动不动就一脸惊慌失措，不但不能给孩子安慰，还会吓着孩子，除了皮肉疼，心理上也会产生恐惧。

同时我们还教给她善待"对方"。假如小板凳碰疼她了，我们绝不会去打小板凳。而是赶快轻轻地亲亲她的痛处——据说妈妈的吻止痛效果很好——安慰她"马上就不疼了，宝宝不哭了"。等她状况稍好一些时，再像对待她一样，带着她给小板凳揉揉疼，告诉小板凳"马上就不疼了"。

这样做，不但没有让小板凳站到她的对立面，成为"加害"她的坏蛋，反而使其成为分担痛苦的朋友，并让圆圆意识到碰撞是双方的事，要互相体谅。圆圆去给小板凳揉疼时，也就忘了自己的疼，情绪很快好转。

---

1 [法]卢梭，《爱弥儿》，李平沤译，人民教育出版社，2001年5月第2版，467页。

由于我们经常这样做，有一次，我带她在外面玩耍，她跑着跑着，被不够平整的地面绊了一下，摔倒了，两只小手擦出微微的血痕，疼得大哭起来。我赶快亲亲她的小手，轻轻地给她吹吹，再给她擦擦眼泪，她很快就不哭了。我要拉她走开时，她居然蹲下身，给摔倒的地面揉揉疼，安慰地面"马上就不疼了"。

同时，如果她和小朋友都想玩一个布娃娃，发生冲突，我们既不要求她出让，也不怂恿她抢夺，而是赶快用另一个东西来吸引她和小朋友的注意，让她知道好玩的东西不止一样；或者引导她和小朋友一起玩，体会合作的愉快。比如告诉孩子们说："我们一起打扮布娃娃吧。布娃娃的头发乱了。来，小哲给布娃娃梳头，婷婷到卫生间找个毛巾给布娃娃擦一下脸，圆圆把你那个蝴蝶结拿来给布娃娃戴头上……啊，看，你们三个人把布娃娃打扮得多漂亮啊！"家长经常这样引导孩子，并且家长自己也每天友好对待孩子，在任何事上都想办法理解孩子，不和孩子斗狠比倔，孩子就学会了理解他人，学会了温和地化解矛盾。尤其是学会了"让步"。

圆圆从小就懂得谦让，每当有什么冲突出现时，她总是会让步。这让步并不是怯懦的退让，是一个孩子表现出的真正的大度，是变通能力。她和小朋友玩耍从来不闹意见，总是懂得通过"办法"来解决问题。

记得有一次在幼儿园，圆圆和几个小朋友排队玩滑梯。排在最前面的孩子总是第一个上去第一个滑下来，然后再第一个跑到上滑梯的地方，等后面的人都滑下来，站到他后面时，再一起上去。孩子们可能突然发现当这个"第一名"很风光，就开始争抢。后面滑下来的孩子拼命往梯子旁边跑，但很难赶到第一的位置，于是有的孩子开始互相推搡，大喊大叫，闹得情绪很不愉快。圆圆也很想第一个滑下来，但她不会通过喊叫或把别人推开这些方法争抢第一。她让自己少滑一次，等在梯子旁，待别的小朋友这一轮滑下来跑到梯子旁边时，自然就排到了她的后面。

她用适当放弃的方式，既不和小朋友冲突，又为自己争得了一次排到最前面的机会。

圆圆的善解人意迁移到很多方面。她从小对万事万物亲切友好，我和她爸爸开玩笑打一下布娃娃的屁股她也不允许。她上小学后，和班里同学关系也很好，每次班里选三好生，几乎都能全票当选。

她才七岁时，我一个亲戚的孩子、当时才四岁的小帅来我家住了几个月，圆圆总是对小弟弟非常好，从没和弟弟闹过一次别扭。有一次，我和她去买一种她和弟弟都非常喜欢吃的蛋糕，店里只剩很少一点了，勉强够两个人吃。我问她可不可以回去只让姥姥和弟弟吃，她这次不吃行不行，圆圆痛快地答应了。尽管她非常想吃，但她考虑到弟弟那么小，姥姥老了，都需要照顾。回家后她一直坚持要把蛋糕给姥姥和弟弟吃，自己说什么也不吃。姥姥感叹说这个孩子真懂事。

圆圆初中就读的是一所寄宿制学校，学校每天发一个水果。她回家对我说，开始时分到不好的水果有点不高兴，但一想这个不好的水果如果不分给她，就会分给另一个同学，总得有一个人吃它。这样一想，就高兴了，以后不管分到什么样的水果都不在意。她说这话时才十岁。

她能这样想，我们非常欣慰。善良和豁达永远是相随的，一个能给小板凳揉疼的孩子，她对别人会有更多理解和爱心，遇到问题从不偏执于自己的理由和利益。这样的思维方式不仅让她在当下心情愉快，也能保证她一辈子不吃大亏。到她后来上大学、出国留学、进入职场，人际关系都非常好，很少为这方面的问题而苦恼。

圆圆其实不是那种看上去很热情的人，她会礼貌地打招呼，但很少寒暄，更不会为了拉近关系说些言不由衷的话，交流中没有任何讨巧行为。这甚至让一些初次和她交往的人有一点压力或不自在，感觉她对人太平淡、不热情。但只要有更多机会的接触，就会发现那正是她单纯善良一以贯之的表现。她在自己的圈子里人际关系一直都不错，上高中时，学校将评选市级三好生候选人名单公布出来，进行全年级投票公选。圆圆是候选人之一，在她不知情的情况下，就有同学去给她拉选票。

圆圆和人相处的"技巧"就是没有技巧，一切行为只是出于天然，她内心对别人友好，长久了自然能让别人感觉到，也让别人舒服。

她上高中时所在的班级，是该校的第一实验班，集中了全校的尖子生。事实上班里每个同学都是高考考场上潜在的竞争对手。在高考前两个月，圆圆自己复习时，整理出几张需要背的英语词组。她觉得这个东西有用，推荐给同学们很好，就让我帮忙打印出来，并拿到外面复印了。我们一份份地配好，又用订书机订好，她用一个袋子拎了，拿到班里给每个同学一份。虽然是小事，也可看出她心地的单纯和无私。

哲学家弗洛姆认为，利己主义与孤独是同义语，而人不可能在与外界毫无关系的情况下实现自己的目的。人只有和他的同胞休戚相关、团结一致，才能求得满足与幸福。爱邻人并不是一种超越于人之上的现象，而是某些内在于人之中，并且从人心中迸发出来的东西，它是人自己的力量。凭借这种力量，人使自己和世界联系在一起，并使世界真正成为他的世界。[1]

汉字激光照排系统发明人、著名学者王选先生说："考虑自己和考虑别人一样多，就是好人。"我们也坚信，家长所能教给孩子最重要的做人技巧，就是做个好人。

近几年，"同理心"成为流行词，所谓同理心就是在人际交往过程中，

---

[1] [美] 弗洛姆，《为自己的人》，孙依依译，三联书店，1988 年 11 月第 1 版，34 页。

能够体会他人的情绪和想法，理解他人的立场和感受，并站在他人的角度思考和处理问题。[1] 这与美国教育家杜威说的"同情心"是一个概念。杜威认为同情心作为一种良好的品质，不单纯是一种情感；它是一种有素养的想象力，使我们能想到人类共同的事情，反抗那些无谓地分裂人们的东西[2]——**当"同情心"或"同理心"这些东西成为一个人天性的一部分时，他就没有了自以为是，没有了居高临下，没有了敌视排斥；有了理解，有了善良，有了豁达。**

"教育即风格之培养。"教孩子"给小板凳揉疼"与其说是一个技巧问题，不如说是一个教育观或哲学观的问题。**家长一定要注意你所有的言行中蕴含的价值观的和谐统一，只有前后统一的东西，才能潜移默化到孩子身上，并稳定在他们的心中，成为他们做事的风格。**

如果平时孩子不小心磕碰了，家长能很友好地采用"给小板凳揉疼"的做法处理；可是哪天孩子不小心打碎了一个你心爱的花瓶，你却忍不住对孩子大发雷霆；平时总对孩子讲我们要理解别人，可一旦孩子的想法和你的想法不一样，就责怪孩子"不听话"，强行要求孩子听话，而不去细致地体会孩子的感觉——那么你的言行就不统一了，你其实就变成了一个不体谅、不豁达、爱物胜过爱孩子、价值观不统一的家长了。这一瞬间你的情绪表现得那样真实，会给孩子留下很深的印象，孩子的价值观也被你搞乱了，"风格"也不会完整统一。

我见过一些眼睛里充满敌意的幼儿，他们很容易就会发脾气，做出

1 李开复，《做最好的自己》，人民出版社，2005年9月第1版，57页。

2 [美]杜威，《民主主义与教育》，王承绪译，人民教育出版社，2001年5月第2版，133页。

攻击别人的举动。有一位妈妈，她一边嘴上抱怨她的儿子爱打人，告诉孩子"不许打人"，一边狠狠地"教训"一张磕了她儿子脑门的桌子；并且她自己脾气不好，一不高兴就打骂孩子。遇到她儿子抓打别的小朋友，她也只是假模假样地管一管，态度中隐藏着纵容，可能是怕儿子吃亏。她的儿子上幼儿园后总和小朋友合不来，常打人，弄得老师和家长们都有意见。这个孩子内心可能很想和小朋友玩，但他在玩的过程中处处充满保护自己的意识，唯恐有什么被别人侵犯，大多数情况下以和小朋友闹意见而结束，所以他总是很孤独。每当我看到这个孩子又寂寞又敌视的目光，总是对他的未来充满担忧。

我也见过不少"长不大"的成人，他们的思维方式基本上是单边主义的，天下的"理"都在他这里，别人的事情和感受他都可以不管不顾，自己的事情和心情却是天下最重要的，自己的想法是天下最正确的；日常工作和生活中，处处表现得自私狭隘。不仅给别人带来不快，更是常常给自己带来不快。当他们急于维护自己的利益时，人生中很多真正的利益却悄悄地流失了。

善良的人，才是和世界摩擦最小的人，才容易成为幸福的人；在心态上不苛刻的孩子，长大后他的处事态度会更自如，人际关系会更和谐，会获得更多的帮助和机会。当"给小板凳揉揉疼"成为孩子的一种思维方式时，他在生活中处处表现出的就是理解、善意和尊重——而他从生活中能获得的，也正是这些。

给孩子一面涂鸦墙

不要阻止孩子的创造力和好奇心，给他一些"搞破坏"的机会，它价值千金。家长为此付出的不过是一点时间、一点金钱和一点耐心。

画画是儿童的一种天性，幼儿到处乱画几乎是一种必然。

我女儿圆圆在两岁左右发现了笔的奇妙后，就兴致勃勃地往她所有能接触到的东西上乱画。奇怪的小人儿和线条开始是落在童话书上，然后就上了我和她爸爸的书、日记本及我们的影集。我们当然也给她白纸，让她尽量画在纸上，但她似乎不愿受此约束。

既然管不了，我们就一般不管她，实在不能让她乱画的东西，收起来，不让她接触到。她后来还往家具上画，我们告诉她不可以这样，并赶快把家具擦干净。有的擦不干净，留下永久痕迹，也不会因此责骂她。遇到这种情况，只能换个想法，把她的破坏看成是可爱的创作，想着等她长大了，如果这些家具还用着，正好可以让她看到她小时候多么淘气。被她乱画的家具反而成了有意思的纪念品。

后来，圆圆不知从什么时候开始对画在墙上发生了兴趣，开始我们有些心疼白白的墙壁被她画得乱七八糟，就在墙上贴了很大的白纸，告诉她画在白纸上。但很快发现她的兴趣除了涂鸦本身，更是在"画在墙上"。这个小家伙表面听我们的话，背地里总是偷偷越出纸界，在墙上落下笔墨，仿佛是一种挑衅。

意识到她的兴趣后，我们赶快修正自己的想法，不但没批评她，反而饶有兴致地欣赏她在墙面上的"创作"，我还故意对她爸爸说，难怪古人要画壁画，原来画在墙面上的东西和画在纸上的感觉确实不一样。圆圆看我们不在意她的破坏行为，又往墙上画了几次，就不再有兴趣了。而我们的心态放平了，确实也越来越能看出她的涂鸦之美了。

到她小学一年级时，我们换了一个新房子，很精心地装修过，雪白的墙壁似乎又刺激了圆圆的绘画兴趣，搬到新家时，她表示很想在这上面画些什么。我和她爸爸就决定空出大大的一面墙，不摆放家具，专门给她涂鸦。圆圆一听高兴极了，立即拿出一盒彩笔创作起来。

因为我们一直以来很听她的话，所以已是小学生的圆圆也学会了"听话"，我们要求她只画在这一面墙上，别处不要乱画，她答应了，也能做到。当时她有几个同学喜欢放学后来我家玩一会儿，小姑娘们第一次来我家看到涂鸦墙时，总是很吃惊。当她们知道自己也可以像圆圆那样随意往这面墙上画或往上粘贴东西时，更是惊喜，往往会立即行动起来。

到圆圆小学毕业时，这面墙已是非常丰富了。不少到我家的人看到这面墙都觉得有点不可思议，精心装修的房子，怎么舍得让孩子把一面墙弄成那样子？我总是开玩笑回答说，这是一堵艺术墙啊，多好看！

我说的是真心话，我越来越意识到，儿童都是绘画天才，也是创意天才。在他们拿着一支笔恣意涂画时，其实是在启动自己的艺术才华。

我经常在端详一些儿童画时心生感动，那种真诚、朴素和表达上的自由洒脱，是任何人教不出来、任何技巧难以到达的境界。如果你真的能用心去看一幅孩子的画，就一定不会把孩子在墙面上的创作看成破坏。

我由衷地喜欢家中这面墙，摆一组家具或挂两张字画难道就能比圆圆和小朋友们画上去的公主、王子或不知所云的线条、各种颜色的贴纸更美更动人吗？

一面墙的光洁值多少钱？即使你不喜欢孩子乱涂乱画，也可以"忍痛割爱"，把这份自由和快乐送给孩子，过几年把墙面重新修整一下不就行了。而孩子回报你的，往往是无法以价钱衡量的才华和丰沛的情感。

经常有人问我如何培养孩子的想象力，我的答案是：**想象力不用培养，不限制就是培养。在教育上，并非家长做得越多越好，有时恰恰相反。尤其在培养孩子想象力方面，我认为"少就是多"是一条黄金法则。**

因为成人常常受制于经验和常识的束缚，自己如果不是想象力丰富的人，在培养孩子想象力方面其实非常有限。卖菜的小贩可以称出一筐土豆的重量，但他不相信有人会称出地球的重量，他的常识中，称重只有一杆秤。家长不要以自己的有限，来理解和指导一个有无限可能的孩子。如果你想培养一个能算出地球重量的人，最好不要把他的思维早早地固定到秤杆上。**减少干涉，才能给孩子留下开阔的思考空间。**

儿童本身都有丰富的想象力，如果他在生活中很少听到这个不许动、那个不能做的命令，并且他早早地接触了大自然和书籍，能从这两扇窗中望出去，看到现实以外的世界，那么想象力就可以得到正常发展。

大约在圆圆四五岁时，我给她买了一套《恐龙》，通过那套书圆圆了解到，恐龙生活在很久很久以前，曾是地球的主宰，后来因故灭绝，现在只能在博物馆看到它们的化石。圆圆有一天又翻看这本书，突然问我："妈妈，以后是不是就该有本《人》书了？"我乍一听，愣了一下，然后就明白了。她的思考让我惊叹，是啊，现在人是地球的主宰，谁能保证亿万年后，"人"不是另一种文明生物谈论到的遥远的"恐龙"呢？

有人说过，儿童是天生的哲学家，我十分相信这句话，**只有一个自**

由的灵魂，才能产生真正的自我思考，才能产生想象力和创造力。这种
力量，必须在幼儿期萌发、茁壮，否则就会萎缩。

圆圆大约四岁时，有一天在茶几上摆弄一根鞋带，她把鞋带中间绕
个大圆，两头在圆的两侧直垂下来，像一个梳着直披肩发的头像，她说
这是妈妈。我一看，真的很像，表示出惊喜。她接着用这根鞋带摆出了
蝴蝶结、小豆苗、大蟒蛇、蜜蜂、剪子、带把的气球，等等，甚至摆出
了一个扎着羊角辫的小圆圆，都十分传神。因为当时只有胶片相机，不
舍得浪费胶片，我就找张纸，把她摆出来的造型都画下来。后来，几乎
所有看到这张纸的人都会为圆圆的造型能力惊叹。这当然首先是圆圆的
天赋所在，但我们作为家长，至少没有压抑和破坏她这份天赋。

几乎每个孩子都带着某种天赋和偏好出生，"给孩子一面涂鸦墙"，
并非倡导孩子满家乱画，这里想强调的是：**不要阻止孩子的创造力和好
奇心，给他一些"搞破坏"的机会，它价值千金。家长为此付出的不过
是一点时间、一点金钱和一点耐心。**假如孩子在自己家中活得缩手缩脚，
经常为一些无心之过遭到责骂，家庭就没有为他提供最适宜的生长条件。

墙面可以修旧如新，损失的钱可以赚回来，孩子的爱好和创造力掐
灭了，可能永远无法重新燃烧。

**检验你的孩子在家中是否获得了尊重和自由，家庭是否为他提供了
一个放飞想象的空间，这里有一道简单的自我测验题：当孩子不小心闯
了祸，如打了杯子或碰翻电脑，他的第一反应是为那损坏的东西而难过，
出现内疚情绪，还是急于看你的脸色，出现辩解的行为？**

有位家长说她很用心教育孩子，可是两岁的孩子特别不听话，总是
什么都要乱动，不让动就大哭，她每天为此和孩子发生好多次冲突，感
觉很抓狂。

也许这位家长理想中的孩子应该除了玩具什么都不乱动，要动也会

提前征求家长意见。天下有这样的孩子吗？如果她知道我女儿圆圆小时候不仅是什么都喜欢动一动，还经常搞破坏，是否会大吃一惊？

大约也是圆圆两岁多的时候，有一天只有我和她在家。我当时忙着干自己的事，圆圆似乎在我的梳妆台那边玩，感觉她很安静，就没去关照她。过一会儿，忽然听见圆圆说"呀，不好吃"。跑过去一看，发现她两只小手、脸蛋上都是白白的东西。我吓了一跳，马上就明白发生了什么事。我刚买的一瓶面霜，全被这小家伙抓出来，抹到脸上、镜子上，而且嘴里也有！可能是我的样子把圆圆吓着了，她脸上一瞬间浮起害怕的表情。

我赶快笑着对她说："没事，别动，妈妈给你拍张照片！"抓起手边的相机给她拍了照，然后开始清理。我先用白纱布擦她嘴里的油，一边擦一边问她："宝宝是不是闻着这个很香，以为很好吃，就吃了一口？"她点头。我问她好吃吗，她摇摇头说不好吃。我笑笑，对她说，嗯，这个不是吃的东西，不好吃，也不能吃，只能往脸上搽。然后又告诉她，再香的东西，如果不是吃的，都不能往嘴里放。圆圆忽闪着眼睛，在认真听我的话，看样子她听懂了。

我一边给她洗脸洗手，一边又对她说："你把油搽到脸上是对的，不过搽得太多了，你有没有注意到妈妈每天给自己和小圆圆用搽脸油时，都是只用一点点？"我给她用毛巾擦干净脸和小手后，从她的儿童霜中蘸一点油出来，让圆圆看看手指上的量，然后涂到她的脸蛋上。一边涂一边告诉她，每次洗过脸，用这一点点就够了，不需要太多。

圆圆乖乖地让我涂油，听我给她讲这些，很配合很满意的样子，洗过脸后，蹦蹦跳跳玩去了，以后再也没破坏过我的任何一瓶面霜。

后来，我的一位邻居看到我给圆圆拍的那张照片，听完我讲的故事后，感叹地说："你真是好脾气，要是我，得骂她一顿。一瓶油就这样被她糟蹋了！"

邻居的想法可能有一定代表性，不过我觉得遇到这类事情发不发火，和"脾气"无关，其实和对事情的认识有关。

如果家长看到这种"破坏"的潜在价值，知道孩子的自尊比一瓶面霜更重要，知道一次大胆的尝试能让孩子获得一种常识和探索的兴趣，就会知道一瓶面霜被孩子破坏了，有可能比它搽到脸上更有价值——这样想的话，心中还会有不快，还会发脾气吗？

"给孩子一面涂鸦墙"，这是一种教育理念，目的并非把孩子都培养成艺术家或科学家，也不是怂恿孩子干出格的事或干坏事，而是尽可能让孩子有一个无拘无束的童年。理解孩子的尝试需求，尽可能地为他们提供尝试机会，给他们一份自信快乐的思维方式，使他们的天赋和潜能在日后成长中充分发挥出来。

打针有些疼

儿童的忍耐力其实是惊人的，只要不吓着他们，给出一个合适的心理预期，他们多半能够接受一些似乎很困难的事情。

孩子在成长中会遇到不少让他们感到困难和惧怕的事，家长的职责是帮助孩子克服恐惧心理，激发孩子内在的勇气，让孩子以平和的心态面对这些事情，把痛苦降到最低。

就说打针这件事，一辈子要遇到很多次，如何面对打针，并不是件完全可以忽略的小事。何况由此带来的一些心理影响，还会迁移到其他事情上。家长千万不要以自己的忧虑放大孩子的忧虑，更不能简单地通过哄骗孩子，或凭体力把孩子摁住了的方式来完成打针。

有一次，我在医院走廊里看到一个六七岁的小男孩拒绝打针，他的父亲，一个人高马大的大男人怎么都弄不住他。父亲看来也是用了力，几次要抓住小男孩，最后都被挣脱。那个小男孩的反抗真可以用"拼了命"来形容，小小身躯爆发出惊人的力量，凄厉的哭喊声让人感到震惊，整条走廊都被惊动了。

　　一个人的情绪如果没走到极端，能有"拼了命"的能量吗？可以想象小男孩恐惧到了什么程度，也可以想象打针这件"小事"给孩子带来多么大的心理折磨。即便被强行摁住打了针，这一场经历可能会落下经年不愈的心理创伤，让孩子在此后生活中无力面对必须经历的痛苦，这于孩子实在是不幸。

　　我记得圆圆第一次因生病打针是在一岁八个月，刚刚懂点事，会说一些话。她得的是急性肺炎，我先带她到门诊看，大夫给开了针剂。取上药后，我告诉她要带她去打针。她可能对几个月前打预防接种针还有点印象，流露出害怕的表情。

　　她打预防接种针时还不太会说话，懵懵懂懂中被扎了一下，有些痛，哭了几声。针头一拔出去，我赶快说："咦，你看这个杯子上还有个小猫咪呢。"她的注意力被杯子上印的猫咪吸引住了，就忘记被针扎这回事。现在我说要打针，可能唤起她的那个印象了。我抱着她走到注射室门口时，她突然说："我不打针。"

　　我停下来对她说："宝宝现在生病了，咳嗽，还发烧。你觉得生病了舒服不舒服啊？"圆圆说不舒服。"那宝宝想不想让病赶快好了？"圆圆说想。

　　她又开始咳嗽了，小脸蛋烧得红红的。我亲亲她的脸蛋说："大夫开的药能让小圆圆的病好了，能让宝宝变得舒服。要是不打针，病就总也好不了。"

　　小孩子其实最懂事，大人只要正确地把理由陈述给孩子，孩子是会听懂的。她生病不舒服，肯定也想早点痊愈。

　　圆圆理智上接受了打针，但小小的她心里还是害怕，她满眼忧虑地问我："打针疼不疼呀？"我微笑着平淡地说："哦，有点疼，不过疼得不厉害，就像你那天坐小凳子不小心摔个屁蹲儿一样。"圆圆听了，忧虑有所减缓。我接着问她："你觉得那天摔个屁蹲儿，是疼得厉害，还是只有一点点疼？"圆圆回答："有一点点疼。"

"哦，打针的疼和那个疼差不多，也是有一点点。"我很坦率地告诉她。然后又说："摔屁蹲儿小圆圆不哭，打针也用不着哭，是不是？"圆圆点点头。

但我能看出她心里还是有一些顾虑和紧张的。于是又给她打气说："妈妈觉得圆圆很勇敢，你试试看自己勇敢不。能忍住就不要哭，要是忍不住，想哭也没事。"我的话给了她鼓舞，让她觉得自己勇敢；又给了她退路，让她觉得想哭也没事。

我和她说话时的表情始终是愉快而轻松的，表现出打针确实是很简单的事。圆圆也坦然了许多，她的愿望肯定是当英雄，同时对妈妈的话深信不疑，因为妈妈从没骗过她，既然只是"有一点点疼"，那也没什么好怕的。

打针的时候她很紧张，浑身绷得紧紧的，但没哭。护士看圆圆在打针过程中那么配合，表扬了她。圆圆通过"试验"，觉得打针的疼，确实是能忍住的，心态由此变得很平静。

门诊看了几天不见好，圆圆住院了。一个病房有八个孩子，大部分比圆圆大些，基本上都两到三岁。每当穿白大褂的人进来，不管是护士还是医生，有时只是进来量体温或问句话，病房里一下就哭成一片，孩子们惊恐万状，宛如羊圈里进了狼。只有圆圆一人不哭不闹，她会停止玩耍，要我抱着她，一脸忧愁地等着。虽然她也不喜欢打针，但她已能理性地接受了。扎针过程中她从不乱动，总是很配合，每天总能受到护士表扬。

由于当时孩子太小，打点滴时胳膊上找不到血管，只能在脑门上扎针，但脑门上的血管也很细，往往不能一下扎住，经常得扎两三次。有一天，一个新来的小护士给圆圆扎针，居然一连扎了七下都没扎住。大人被一连扎七下可能都受不了，我和她爸爸在旁边都有些无法忍受了，小护士也紧张得满头大汗。圆圆开始哭泣，但并不大哭，只是哼哼唧唧地哭，脑袋却一动不动地让护士摆弄。第八下扎住了，胶布一贴好，她马上就不哭了。我心里真佩服这个小家伙。

而病房里的其他家长，每天都采用哄骗、威吓、强制的手段让孩子打针。针扎到那些孩子的身上，好像比别人多疼多少倍似的。家长的做法不但放大了孩子的痛苦，也没有教会孩子在遇到困难时勇敢面对。

当时圆圆的治疗还需要做一种"超声雾化"的理疗，是让孩子呼吸一种加了药剂的雾气。方法很简单，就是把喷雾口靠近孩子的脸，让她自然呼吸十分钟。

第一次做时，护士推来仪器，我们不知道这是个什么东西，只是按护士的要求把孩子抱起来。微微带有药味的白色雾气随着机器"嗡"一声的启动，一下子喷到圆圆脸上，她大吃一惊，本能地把脸扭开。护士立即让我把孩子抱紧，不让她动。我赶快把圆圆抱紧了，力图让她的脸对着喷药口。圆圆不知道发生了什么，紧闭双眼，努力挣扎着想躲开雾气，并开始哭。我尽量不让她乱动。护士也在调整，圆圆的脸扭到哪儿，她就把喷气口跟到哪儿。圆圆挣扎了一会儿挣不开，终于大哭，开始强烈反抗。才做了不到五分钟，她反抗得做不成，只好作罢。

比较打针，"超声雾化"应该说没什么痛苦，只是自然呼吸一些雾气，虽有淡淡的药味，并不难闻。由于没提前给圆圆做思想工作，在她毫无心理准备下强行要她接受，所以成为圆圆最为恐惧的事。此后几天她一直拒绝做超声雾化，只要看到护士推一个类似雾化机的东西进来，立即就紧张起来，远不像对待打针那样从容淡定。

这件事确实是成人没做好，给孩子带来恐惧了。

对于必须让孩子承受的一些痛苦，给孩子做思想工作要遵循下面几条原则：

一是平静自若，不要表现出焦虑。如果大人首先一脸焦虑，孩子就会觉得问题严重，会被吓着。

二是对于为什么要这样做，要用孩子能懂的语言向他说明。比如告诉孩子他现在生病了，需要打针，打针可以治病。不要认为孩子不懂就不去说。

三是对孩子所要承受的痛苦如实相告，不夸大也不要过分缩小。 比如许多家长带孩子打针时，为了消除孩子的紧张，就说"一点也不疼"。孩子上一次当，就绝不肯再上第二次当。他们挑战困难的理性和勇气就失去一次萌发机会，并且以后会不信任大人。

四是激发孩子的勇气，同时也要给他们退路，不要让孩子为自己流露的"不坚强"感到羞愧，要允许孩子哭叫，不强行压制。 儿童的忍耐力其实是惊人的，只要不吓着他们，给出一个合适的心理预期，他们多半能够接受一些似乎很困难的事情。

五是绝不通过哄骗或收买的方式达到目的。 有的家长通过"不打针警察就要来抓你"，或"吃了这药就给你买个遥控汽车"等方式达到目的，这是很糟的。哄骗和收买只能解决一时的问题，并不能真正缓解孩子的紧张，还有碍他们的道德发育。

儿童应该学会从小理性地面对一些困难或痛苦，这样不仅能缓解痛苦，还能很好地保护自己。

圆圆两岁半时，有一天半夜突然哭醒。她呼吸困难，喉咙处好像卡了什么，看起来很痛苦的样子。我恰好刚看过一个关于小儿喉头水肿的资料，觉得圆圆的症状很相似。孩子得这个病十分危险，一是儿童喉管细，二是小孩子不懂事，越难受越要哭，越哭水肿得越厉害，这可能会导致喉管堵塞，引起窒息。

那一瞬间我害怕极了，但我尽量语气轻松地对圆圆说："宝宝不要哭，你现在觉得呼吸困难是因为你这块儿水肿了。"我指指她的喉咙，又告诉她，"要是哭的话就会肿得更厉害，就更不好出气了。你忍耐一下好不好，不要哭，妈妈马上带你去医院。"圆圆听懂了，立即就不哭了，配合我穿好衣服。尽管她看起来非常不舒服，却一声不吭。

她爸爸当时在外地工作，那时我生活的小城集宁晚上打不到出租车，我就去敲邻居的门，请小哲的爸爸帮忙，用自行车带我们去医院。小哲爸爸的车子骑得飞快，我在后面抱着圆圆。她虽呼吸困难，但一直安安静静的。走到一段没有路灯的地方，自行车撞到一个高出路面的井盖，我们都摔倒了，这一折腾圆圆好像呼吸更费力了，但也没哭，表情还是很平静。我觉得孩子真是懂事，也很庆幸她这么懂事。去了医院急诊，很快得到治疗，几个小时后情况就变好了。

医生说这个孩子真乖，整个治疗过程中没有一点要哭的意思，小孩子得这个病最怕的就是哭闹。

圆圆这方面的乖顺和懂事确实惹人疼爱。她三岁前准备上幼儿园，入园前要体检，幼儿园统一安排报名的孩子在某天到市妇幼保健所体检。体检的路上，我告诉她可能要抽血化验。她有些紧张，问我疼不疼。我还是先告诉她有些疼，然后告诉她抽血和一般的打针差不多，就是扎的时候有一点点疼，抽的时候就不疼了。她已有过几次打针的经历，听我这样说，也就比较释然了。

当天体检的有十几个小朋友，抽血时，孩子们哭成一片。抽过血的、正在抽的、还没抽的，都在哇哇大哭。特别是一针没扎住、需要扎第二针的，不光孩子哭，有些大人也着急了。抽血的护士都被弄烦了，皱着眉头，态度似乎也不好。

圆圆安静地倚在我的腿边，用有些好奇又有点同情的目光看着那些小朋友。她突然说一句："哭也一样疼。"我问她是不是想说小朋友打针时，哭和不哭是一样的疼，哭也不能减轻疼痛。她说"是"。我赞赏地亲亲她的小脸蛋说："小圆圆说得对，反正哭也不能止疼，还不如不哭。"我没让孩子承诺她一定不哭，我想，她能这样理解已很不容易，不需要给她任何压力，到时她万一哭了，也不用为自己违反了诺言而感到羞愧。以她的年龄，哭了也是正常的。

轮到圆圆了，她坐在我腿上，伸出小胳膊，虽然有些紧张，但一直安静地等护士拿针管、安针头。护士发现这个孩子不哭，很诧异地看看她。

圆圆可能是想安慰那个护士，对她说："阿姨，我不哭。"这让护士非常惊喜，一直紧皱的眉头展开了："噢？你为什么不哭呢？"圆圆说："哭也一样疼。"

护士一下也听懂了，她惊讶地停止了手中的动作，看看圆圆，顿了一下才说："啊，你这个小姑娘，真是太懂事了！哎呀，阿姨从来没遇到过这么懂事的孩子！"她手里拿着针管，去圆圆胳膊上找血管时，犹豫了一下，放下手里的针管，拉开抽屉找出一个新的针管说："你这么懂事，阿姨更不舍得扎疼你了，这个针头稍细一些，没有那些疼，就剩这一个了，给最听话的孩子用。"她找了一下圆圆的血管，发现不太好找，就站起身找来一个年纪较大的护士，对圆圆说那个阿姨保证一针就能扎准。果然。

看来，告诉孩子"打针有些疼"，教会孩子在困难面前从容镇定些，既能减轻痛苦，又能保护自己，还能"占便宜"呢。

不要捉弄孩子

捉弄孩子，是成人居高临下地利用孩子的幼稚，故意让孩子犯错误、哭泣和害怕。它的目的是逗大人高兴，给孩子带来的是羞辱、担忧和失落。

圆圆上幼儿园时，有一段我工作特别忙，就由她爸爸接送。她爸爸单位离幼儿园很近，幼儿园放学早，爸爸接上她还不到下班时间，就把她带回单位再待一个小时才回家。

她爸爸办公室的几个人当时都三十岁左右，大家处得很好，也很随意，经常互相开玩笑。有两个同事很喜欢和圆圆说话，但他们不是正常地和孩子说话，而是把她当个小动物一样捉弄。要么装出很凶恶的样子，强行要来抱圆圆，圆圆吓得直躲，他们则乐得哈哈大笑；要么煞有介事地要圆圆喊他们"爷爷"，孩子不懂事，就叫了爷爷，逗得办公室的人都笑起来。

我可以想象，当时圆圆一定从大家的表情中感觉到有什么地方错了，但又不知错在哪里，她一定很惶惑，很不安。再后来他们又让圆圆叫爷爷，圆圆不叫，他们就假装生气了，说这个孩子不懂礼貌，弄得圆圆不知所措。

圆圆爸爸也不喜欢别人那样逗她玩，但也许是觉得这只是开玩笑，也许是碍于面子，就没去强行制止同事对孩子的捉弄。

我开始并不知道这件事，孩子那么小也没有能力把她的不快讲给我。结果过一段时间后，我突然发现圆圆和外人打交道时流露出不自信，说话不像以前那么大方了，经常是想说又拿不准，眼神一片犹疑躲闪，尤其是和陌生人打交道时。

这让我有点着急，但一下子也找不到症结，就反省我们对孩子的教育出了什么问题，在生活中更留心让她多和别人打交道，培养她的自信。

有一天，圆圆和她爸爸从单位回来，我看出圆圆有哭过的痕迹，问她怎么了。圆圆说："张叔叔说爸爸不要我了。"说着又要哭。

她爸爸解释说，他下班前到院长那里开个会，让圆圆在办公室等着他。会议比原定时间稍长些，到下班了还没结束。那个张姓同事就对圆圆说："你爸爸和妈妈不要你了，要把你送给我，我家有个儿子，正好没有小女孩，走吧，跟我回家吧。"说着就做出要拉圆圆走的样子。圆圆被吓坏了，大哭起来。这时，我才知道他们经常捉弄孩子。

我当时很生气，责怪先生不懂得保护孩子，气头上说要剥夺他接送孩子的权利。圆圆爸爸虽然对同事的做法也有些不满，但他不认为会给圆圆带来什么影响，觉得我把这件事看得太严重了。我后来多次和他谈到这事，和他分析孩子的心理，他从事实中也看到了影响。圆圆有两次从睡梦中哭醒，问她做了什么梦，都是说梦到爸爸从幼儿园接上她就不要她，独自走了。由此可见，大人的一个无聊的玩笑，给孩子带来多么深刻的恐惧啊。

圆圆爸爸终于意识到这事对孩子的影响，也非常懊悔。后来我尽量去接孩子，真的"剥夺"了先生接孩子的权利，主要是我不想让圆圆再见到她爸爸单位那几个人，不想唤起她的不快。她爸爸也真正注意这个问题了，偶尔因为我实在忙顾不上接孩子，他把孩子接回单位，也绝不允许同事再捉弄孩子。

我和先生达成一个共识，就是宁可得罪同事，绝不"得罪"孩子。当然，单位同事捉弄孩子并没有恶意，看家长不愿意，以后就不那样做了，所以也不存在"得罪"的问题。

"逗"孩子和"捉弄"孩子是两个不同的概念。"逗"孩子应该是以儿童的快乐为前提，指成年人把自己放到儿童的位置上，以儿童能理解和接受的方式，制造出让儿童快乐的事件，其中包含着童心、快乐、幽默和智慧。

我看到一位妈妈洗完一块床单晾起后，顺便和她两岁的小儿子玩一种叫"眊儿"的游戏。她和孩子分别站在床单两边，互相看不见，然后每喊一声"眊儿"，俩人就同时从床单左边或右边探头去看对方。孩子的目的是每次探头能和妈妈碰面，而妈妈的目的是每次探头都不让孩子看到。这样，妈妈有可能这一次刚刚从左边探了一次头，接下来的"眊儿"还是从左边探头；以孩子的判断，妈妈刚才从左边出来，这下该到右边了，就跑到右边，结果扑个空。这样可能来回扑几次空，到终于和妈妈碰上面了，孩子就会乐得大笑起来。尤其是妈妈使了小计策，刚从左边出来，又从左边出来，而孩子已学会判断，通过猜测，两次从同一边出来，连着脸对脸地和妈妈"眊儿"上，孩子会为自己的成就感兴奋不已。

"捉弄"孩子，则是成人居高临下地利用孩子的幼稚，故意让孩子犯错误、哭泣和害怕，目的是逗大人高兴，给孩子带来的是羞辱、担忧和失落。

例如，大人手里拿一个准备给孩子的东西，却不痛快地给他，而是提条件，让孩子说一句甜言蜜语，或讨好地喊一声叔叔阿姨爷爷奶奶之类的尊称，如果孩子不愿意，就做出要把东西拿走不给的样子，直到孩子说了，才满意地把东西递给孩子。还有的大人以吓唬孩子取乐，看到小男孩，就做出要找把刀子割男孩的小鸡鸡之类的动作。或者看一个小女孩极喜欢她的布娃娃，就把布娃娃藏起来，说丢了或被别人拿走了，直到小女孩急得大哭，大人才拿出来。

成人觉得这很好玩，以为不过是逗孩子着急一下，哭一鼻子，一笑就没事了。其实，这些行为都会给孩子的心理造成伤害。它对孩子来说毫无趣味，只会让孩子有不安和不被尊重的感觉，损伤孩子的自尊心，增加孩子的社交恐惧和对他人的不信任。

捉弄孩子其实就是欺负孩子，凡遇到这类事情，家长要礼貌而坚决地制止。这不是小事，事关孩子的事情没小事，在大人眼里是小事，对于孩子来说却是大事。

我国现代著名教育家陈鹤琴先生就坚决反对捉弄孩子，他认为**和孩子玩也是德行教育，经常被捉弄的孩子会出现品德方面的缺陷**。例如大人经常用欺骗孩子的方法，弄得孩子着急，博得成人哈哈一笑，孩子就会慢慢养成不信任他人和说谎的习惯。

现代都市生活中，上面那些捉弄孩子的具体做法可能不多见了，但**人们捉弄孩子的思维方式还很普遍，孩子在很多场合下仍然是被捉弄的对象。这些捉弄行为表面上看已不那么粗俗，但它们与上面那些捉弄行为的野蛮本质是相似的，都包含了对孩子的不尊重和不体谅。**

有一次，我看到北京电视台有一个节目，邀请了来自河北的五胞胎，四女一男。这五名年龄只有四岁多的小家伙健康可爱，齐齐站在演播室中间，一点也不怯场，都是满脸兴奋的样子。他们一下就把我吸引住了，我饶有兴味地坐下看节目。

主持人的第一个问题是"你们中谁最爱告状"。五个小家伙听了这个问题一脸迷惑，开始都不确定地乱指，后来就看别人指谁他也指谁，最后就统一到一个孩子身上。那个被确定为"最爱告状"的孩子本来非常高兴，这时一下显得无所适从，她肯定感觉到自己不是个好角色，脸上浮起委屈甚至害怕的样子。

主持人第二个问题是"谁最爱打别人"。孩子们开始又是乱指，然后是互相揭发，最后又统一到一个人身上，那个"最爱打人"的孩子一下子显得很难为情。

主持人第三个问题是"谁挨爸爸打最多"。孩子们仍是从犹犹豫豫的乱指，到最后统一在一个孩子身上，被指到的孩子立即变得不知如何是好，脸上是说不出的尴尬。

主持人和观众都被孩子们的样子逗乐了，没笑的只有这几个孩子。他们的关系已被挑拨，大庭广众之下被贴上某个坏标签，他们都不像刚上场时那样轻松，变得紧张起来，不知所措。

接下来，主持人拿上来一个非常漂亮的书包，说只有这一个书包，问孩子们给谁。孩子们明明都被这个书包吸引，他们看这书包的眼神充满了渴望，心里一定都很想得到这个书包。但是，他们刚才已有被贴上坏标签的经历，于是都想表现得好，就开始了互相推让，都说给别人，没有一个人敢说给自己。指来指去，最后决定给老大。老大拿到书包很高兴，其他几个孩子的失望是显而易见的。老大也许在一瞬间感到不妥，咬咬牙让给了老五——这倒有些出人意料。正当主持人夸奖她时，小姑娘一下哭了，万分失落和委屈。主持人故作惊讶地问她为什么要哭，孩子哭得说不出话来。

这时，那个口齿伶俐的老三打圆场说："她是觉得老五好，才哭了。"观众又一次被老三的"解释"逗笑了。

就这样一直弄到孩子们哭也哭了，虚假的话也说了，个个心里都七上八下的，主持人才拿出另外四个书包，孩子们也终于破涕为笑。

这个节目的目的是什么，编导和主持人设计这些问题和环节的用意何在？实在令人费解。我没再往下看，离开电视干别的去了，心中十分郁闷。

　　写到这里，想起陶行知先生的一首诗，这首诗写得既朴素又直指人心，所有的成人在面对孩子时都应该牢记：

　　　　人人都说小孩小，
　　　　小孩人小心不小，
　　　　你若以为小孩小，
　　　　你比小孩还要小。

孩子是从哪里来的？

把"性教育"做成"性启蒙"，比不做还要坏得多。

青少年出现早孕、滥性等问题，不是因为他对性知识了解得少，而是因为精神空虚、道德和情感发育不良、缺少自爱及爱人的能力。

"孩子是从哪里来的"，这几乎是每个孩子都会问，并让每个家长都难回答的问题。很多人都说应该正确告诉孩子，但怎么个正确法，却往往含糊其词。

我曾看到一篇文章，有位妈妈是这样回答的："妈妈的身体里面有一种叫卵子的细胞，爸爸身体也有一种叫精子的细胞，有一天，它们两人相见了，卵子就热情地邀请精子去她家里做客，他们俩就一块去了妈妈的肚子里。妈妈专门为他俩准备了一所美丽的宫殿叫子宫，在妈妈的子宫里，卵子和精子合成了一个受精卵，经过妈妈身体里营养物质的哺育，它们成长为一个小胎儿，等到胎儿十个月的时候，妈妈住到了医院，医院里的助产士阿姨就把宝宝接出来了，你这个小生命就诞生了。"——这个回答太复杂了！这不是在回答一个三四岁孩子的问题，这是在进行一个科普讲座。

卢梭在他的教育名著《爱弥儿》中举过一个例子：一个小男孩子问他妈妈孩子是怎样来的，妈妈告诉他"是女人从肚子里把他屙出来的，屙的时候肚子痛得几乎把命都丢了"。卢梭认为这个回答很经典，因为它告诉孩子的是一个生孩子的结果而不是原因。妈妈在"孩子是怎么来的"后面立即跟上了"痛苦"，这像一层遮挡，阻止了孩子的好奇和想象力。所以它既给予了孩子一个肯定的回答，又不会挑逗他的想象。

卢梭认为性启蒙应尽量延迟，就是不给他们机会，不使他们产生好奇心。当然绝不能为了延缓而对孩子瞎说八道。如果不得已要告诉孩子，也应该用简短的话语、没有犹像的口气告诉他，而绝不可带出不好意思的、色情的表情来。[1]

事实上儿童对性的好奇根本不像成人以为的那样大，成人完全可以避开解释的尴尬，把这个问题用另一个说法坦率地讲出来。

圆圆三四岁时也问过我这个问题，我当时不假思索地告诉她，是送子观音送来的。没过多久，她有一天突然问我："我是送子观音送来的吗？"我说是；她又问："你也是吗？"我说是；她犹疑了一下又问："我爸爸也是吗？"我说也是。她一脸惊奇，片刻后突然很委屈地说："那我怎么在那里没见过你们？"说着眼泪就要掉下来。

我非常惊讶，明白她是说我们曾经都在送子观音那里，应该在出生前早就认识啊。三岁左右的孩子开始对父母怀有深刻的情感，不仅仅是依恋，还有强烈的占有欲。在送子观音那里我们各不相干、互不认识这样一种情况让她非常失落。

1　[法]卢梭,《爱弥儿》,李平沤译,人民教育出版社,2001年5月第2版,299页。

我一下子有些不知所措，明白自己那样给孩子瞎说，把她的认识搞乱了。我赶快抱起圆圆，给她擦擦眼泪说：对不起宝宝，妈妈以前那样给你讲是编了个故事，觉得那样讲很有趣，其实不是那样的。

圆圆瞪大眼睛，好奇地期待着我给她讲出"真相"。

我想了一下，问她："是不是经常有人说小圆圆长得像妈妈，也有人说你长得像爸爸？"她说是。我说："我和爸爸结婚后，想要个孩子，就从爸爸身上拿了一点点东西。"我用手到她的小胳膊上轻轻地做了一个捏走一点点东西的样子——"然后又从妈妈身上拿了一点点东西，"说话间我到自己的脸上做一个揪下一点点东西的动作——"然后把这两点点东西放一块，"我用两个手指做揉搓一起的动作——"放到妈妈肚子里，"我用大拇指做一个往肚脐眼摁的动作——"小圆圆就慢慢在妈妈肚子里长成了。"

圆圆眼睛里闪现着惊奇的光泽，我马上接着说："所以小圆圆长得又像爸爸又像妈妈，你自己说说你像谁啊？"我已把话题转移了，圆圆经我提示，就很有兴趣地考虑自己像谁的问题去了，不再追问别的。

又过了几天，她又想起这事，问我："我是怎么从妈妈的肚子里出来的？"我就告诉她："到医院把肚子划开取出来的，做手术时因为用了麻药，所以也不疼。"不论是剖宫产还是顺产都可以用这个回答，孩子并不会追究你肚子上有没有刀疤。

又过一段时间，她又好奇地问我从爸爸妈妈身上揪一点什么东西下来，就能做成个小孩子，是不是揪一点点肉，疼不疼。我说："哦，是揪很小的一点肉，不疼，不过那得长大才有办法揪得不疼，小孩子不能做这种事。哦，吃完饭想去找婷婷玩，还是想找小哲玩？"话题就这样又一次被不露声色地转走了。

性是人的天性，到了该懂的时候自然会懂，就像会走路是人的天性，只需要时间来成全一样。圆圆终究有一天会知道孩子是从哪里来的，但到了那个时候，她就理解了为什么大人要那样说；同时，我也相信，到这个时候，她就已经有了是非观，完全可以进行自我教育了。

正确的两性观绝不可能孤立存在，它是一个人整个价值观、人生观的一部分。孩子只要有良好的价值观和正确的人生观，他一定会同时有健康的两性观。

性教育现在有一种趋势，就是恨不得把所有的性生理知识都告诉孩子们。认为性教育与其遮遮掩掩，不如在孩子年龄尚小还未产生性欲前，就把一切毫无保留地告诉他们，使他们不再对此有疑问，然后就不再有好奇。应该这样吗？

2007 年看到网络上说，台湾的小学给孩子们发了性教育教材，上面不仅有两性生理差异及生殖说明，而且有男女性交的插图。这引起许多家长的抗议。据报道，教材的编写是有医学专家参与的。尽管编写者和推广者出来说这样做是有道理的，但他们并没有说明这样一种教材方案到底是建立在哪一种教育理论上，哪一位教育家的理论可以佐证他们此举的正确性。

另据 2007 年 9 月《广州日报》报道，深圳首部中小学性教育读本遭家长投诉。该读本由深圳市教育局和深圳计划生育中心联合编写。"在适合 9—12 岁的小学读本中，记者看到，已经开始有用简单的语言讲述避孕、节育知识。而 12—15 岁的初中读本中开始涉及月经、手淫等性发育问题，并详细地谈到了怀孕的诊断方法、三种避孕措施和人工流产等内容。该教材开始提及同性恋、性心理障碍等问题，还直面了网络色情、网恋等问题。"

对懵懂少年需要讲这么详细的性知识吗，这是性教育课还是性启蒙课？后果是让孩子学会了用理性慎重对待性，还是更激发了他们的好奇，使他们心绪萌动？这些"常识"促成的，是他们对诱惑的拒绝，还是对诱惑的倾心？

现在有一种奇怪的现象，医疗界的人动不动就参与到教育界工作中。

国家让开设学生心理健康课，学校就把这些课承包给医院的心理科；孩子不听话爱捣乱，家长就带着去医院看多动症；需要进行性教育，就请来生殖医学的专家们编教材——这种合作正常吗？它所实现的功能到底是教育的还是反教育的？

我们不反对医疗界和教育界合作，可是儿童教育有其自身的特殊性，简单地把成人逻辑套用到儿童身上，把医疗思维和手段运用到儿童教育中，这是非常荒谬的。读一读卢梭、杜威、苏霍姆林斯基、马卡连柯、陶行知等伟大教育家的著作，只要领会了他们的思想，就知道他们会反对这样的性教育。

认为"性教育"就是"性知识讲解"，这是一种浅薄的逻辑推理。把"性教育"做成"性启蒙"，比不做还要坏得多！

青少年出现早孕、滥性等问题，不是因为他对性知识了解得少，而是因为精神空虚、道德和情感发育不良、缺少自爱及爱人的能力。

那些出了问题的孩子，绝不是因为他们比一般孩子性知识少，恰恰相反，他们从各种途径获得了更多的性知识，他们的兴趣被唤起来了。由于他们一贯缺少理性的自我约束力，一贯对自己和他人没有责任感，不计后果地放纵自己。就如同一个经常偷抄别人作业的孩子，他十分清楚自己的行为是不好的，但是他不愿为此付出努力。他不幸从小生活在某种不良的教育环境中，他的自尊在过去的时间里已流失很多，面对自己时脸皮越来越厚了。

性教育的重点应该是世界观和爱情观教育，大体可分为两个阶段。

在孩子成年之前，教育任务是树立孩子正确的世界观，培养自尊自爱的意识，养成善良、理解、豁达、勤劳的品行，使他成为一个生理、心理两方面都健康和谐发展的人。所有这一切，都是为他真正进入谈婚论嫁阶段做准备的。孩子将来成为怎样一个人，他将会以怎样的面貌去和异性相处，基本上都是这一阶段的教育决定的。

到孩子已长大，读高中或读大学了，家长可以和孩子直接谈论两性、谈论爱情。家长们不仅要在意识上给孩子以健康的爱情观引导，也要尽力以自己和配偶的相处，为孩子做出榜样。孩子从父母身上体会到男女关系的美满，才会对两性相处有信心，才能以健康的心态为自己找到爱情，找到美好的性，找到一生的幸福。

这里还有一些细节，提醒家长们在儿童的早期性教育中要注意。

如果你看到学龄前儿童有性交模仿，父母一定不要大惊失色，更不要责骂孩子，要口气平静但坚决地告诉他，你反对这种游戏，并尽快把他的注意力转移到别的事上。

孩子有这种举动，可能是父母的行为不小心被孩子看到了，所以做父母的一定要检点自己的行为，坚决不能让孩子看到父母做爱。也可能是别的小朋友这样做让他学到了，所以如果确信家庭中没出现什么问题，就要关注一下和孩子接触的小朋友的情况，要对其他家长有善意的提醒。

我一个朋友给我讲过一件令人不可思议的事。她邻居家的女孩子四岁，来她家里找她的儿子玩，居然教她儿子趴她身上，做模仿动作，并模仿声音。我的朋友大惊失色，赶快找个机会委婉地问小女孩的妈妈。这位妈妈一听，竟不太在意地说，噢，可能是从录像上学的。原来她和丈夫看色情录像，居然不回避孩子，孩子也站在旁边看。他们认为孩子那么小，什么也不懂，看了也没事。

这样的父母简直愚蠢至极，孩子在他们眼里只是个小动物，他们根本不考虑孩子是个人。童年期的任何经历都能在他们的头脑中留下印象。污秽的镜头，哪怕是几个月的婴儿都不该让他看到，何况他们的孩子已经四岁，已经很懂事了。他们的这种行为对孩子的伤害是巨大的，会影响孩子一生的身心健康。

还有的家庭由于没有洗澡设备，妈妈居然带小男孩到公共浴室洗澡，这也是错误的。不管孩子几岁，都不该带他进异性浴室。如果爸爸不能带他去洗澡，宁可在家里拿大盆给他洗，也不要把他带到女澡堂。

在家里，只要孩子能自己洗澡，家长就最好让孩子单独洗。孩子长到一定年龄就不愿让父母看到自己的裸体，他也不喜欢看到父母的裸体，尤其是异性家长的裸体。

孩子十二三岁进入青春期后，父母就不要单独与异性孩子同床睡觉。有资料说，男孩子如果长期与母亲睡一张床，他长大结婚后可能会出现性功能障碍。女孩子长期与父亲睡一张床，也不利于心理健康发育。

但父母可以当着孩子的面适当表示亲热。如早晨上班前的吻别，久别归来后的拥抱。这样可以让孩子看到父母相亲相爱，体会到家庭生活的幸福。父母做这些动作时要坦然，心中不可以有丝毫龌龊感。孩子从父母那里看到了爱和美，会学着正常地表达情感。

当然，这种时候不要忘了，同时给孩子一个亲吻和拥抱。

关于性教育的几个观点

回归自然和纯真，"性教育"才能做好。

一、我们要确信的是，性爱是人世间美好的事情，而不是龌龊的事。

春天来临，人们赞美鲜花的美丽，事实上鲜花是植物的性器；我们讴歌母亲的伟大，而让女人成为母亲的，正是因为性；我们颂扬人类的生生不息，让人类血脉相传、延绵不断的也正是因为有了性。

人世间最伟大的两件事：一是生命的诞生，二是生命的延续。它们构造了我们这个星球的灿烂，这些都与性直接相关。

但是，在人类的所有思维中，再也找不到比对待性更矛盾的心理了。"性"在现实生活中被严重污名化，被扣上肮脏、下流的帽子，甚至被扭曲成罪恶。而一个最基本的事实是，那些将性视为洪水猛兽、万恶之源的人，他今天之所以能站在地球上鄙视性，却必须承认自身正是性爱的结果。性爱使得他存在，于是他才有资格发言。

在当代社会生活中，人们对性的态度逐渐恢复正常，但仍有一些人在潜意识中对性抱有深刻的敌意。有些家长看到才两岁的孩子玩自己的"小鸡鸡"就会大惊失色，会严厉制止，甚至会打骂孩子。

现在一些所谓的性教育，其底层逻辑即是把性放到正常生活的对立面，暗示性是坏的、是使人堕落的，所以他们的思维、教导和课程设计都指向抑制性、压抑性。

事实上，所有把"性"和罪恶、过失联系在一起的教育都是反教育的，这对孩子们未来的道德成长有非常大的破坏力。"假如我们能使小孩不把性看成是罪恶的，他长大后就会成为一个有道德的人，而不是一个教训人的道德家。"[1]

性教育要确立的一个大的前提是，性本身是美好的，它的存在就像我们的喜怒哀乐存在一样自然。只有确立了这个基本信念，当我们面对孩子的性教育问题时，才能内心纯洁而坦荡，拿出实事求是的态度。

孩子三四岁时大多会对人的诞生产生好奇，提出"我从哪里来的？""我是怎么进入妈妈的肚子的，是怎么从妈妈肚子里出来的？"等类似的问题。他们也会注意到男孩和女孩的不同，会提出"为什么我是男孩（女孩）？""为什么妈妈和爸爸不一样？"等问题。家长要从容坦然地面对，用孩子能听懂的语言大概解释一下就行。不要用专业的学术名词去解释，不要让问题复杂化。回答这些问题的时候，口气一定要轻松，就像孩子问嘴巴、鼻子方面的问题一样。家长传递给孩子的爱与信任，会使孩子确信父母的回答，从而很快会对这些问题释然。

如果电视或电影出现两性亲热的镜头，家长要坦然不要慌张，更不要立刻关闭电视或转换频道，那样只会加重对孩子的不良暗示。如果孩子问他们在做什么，实事求是地回答：那是爱情，他们非常爱对方，那是他们表达爱的方式。如果孩子模仿电影里的人，家长也不要慌张，更不能训斥孩子，要用纯净之心看待，一笑了之，或用其他事情转移孩子的

1　[英]A.S.尼尔，《夏山学校》，王克难译，南海出版公司，2010年5月第2版，176页。

注意力即可。

很多孩子在小学高年级阶段或初中阶段会有自慰的行为，这属于孩子的隐私，建议家长当没看见，假装不知道。切不可简单粗暴地训斥孩子，也不要暗示和吓唬孩子自慰有害。如果孩子内心没有罪恶感，他不会过度自慰，不会因此伤害身体。任何干涉都只会强化孩子的兴趣，严重的会影响到孩子成年后的生理健康。

二、"性教育"不需要向儿童讲解性生理知识。

当下，无论东方西方，一谈到性教育，很多人都热衷于给孩子们讲解性生理知识，比如用一些漫画图片或抽象示意图给孩子展示生殖器构造和性爱、怀孕原理，这种做法甚至延伸到了幼儿园和小学，这是错误的做法。

"因材施教"是教育学的铁律，任何教育都要依被教育对象的特定情况而确定内容和方式。年纪尚小的孩子，由于他们的身体还未成熟，对性爱既没有兴趣又没有需求。过早地给孩子讲解这些知识，不但没必要，而且会挑逗孩子们的好奇心，过早地诱导他们对性产生兴趣。

同时，性教育要讲性生理知识，这个逻辑非常怪异——为了让孩子吃饭香，就要讲解消化系统知识吗？为了培养孩子健康的体魄，就去讲解肌肉骨骼构造知识吗？尤其是我们的大脑，是所有记忆、思考、智力的核心器官，那么为了让孩子们取得好成绩，是不是就该讲解大脑结构解剖或学习及记忆原理？或者反过来说，给孩子讲解了消化系统、骨骼肌肉、大脑构造等生理解剖知识，就能让他们会吃饭、爱运动、成绩好吗？这样的逻辑是不通的，在生活中也无法站住脚，可是到了性教育这块，却似乎成了共识。

孩子被性侵，不是因为他掌握的性知识少，只是因为他遇到了心理变态者。所以保护孩子免受性侵害的思路，一是要考虑如何保护好孩子，不被别人侵害；二是要考虑如何培养孩子，不让他将来变成侵害别人的人。

研究一下人类发展史可以发现，向儿童善意隐瞒性秘密以及成人世界的残酷战争、社会阴暗等，与保护儿童健康及权益总是成正相关。

"羞耻感的无可估量的价值，构成了儿童正规或非正规教育中珍贵而微妙的一部分。换句话说，儿童沉浸在一个充满秘密的世界里，心中充满神秘和敬畏的情感。他们最终会了解这个世界，但要成人分阶段地教他们如何将羞耻心转化为一系列道德规范。"[1]

"没有高度发展的羞耻心，童年便不可能存在……童年需要回避成人的秘密，尤其是性秘密。"[2]

"性教育"不是性解密，不可以生拉硬拽着孩子们去了解性。

英国教育家尼尔先生认为，在中小学课程中加上性教育的课，有很大的危害。它可能以道德的方式压抑性。"性教育"一词实际上已经暗示了性应当是被抑制的东西。"应该避免一切有害的和愚笨的性教育，比如将性与罪恶和过失联系在一起"。[3]

现在有很多人反对中小学生读《红楼梦》，认为其中描写爱情、心机、梦遗、同性恋等内容会对孩子影响不好。如果一部伟大的文学作品淡淡地涉及一些这方面内容于未成年人都是不妥的，为什么当下的性教育大讲生殖器构造、避孕套使用、孩子的来历或呈现性交图片却变得正常？

1　[美]尼尔·波兹曼，《娱乐至死·童年的消逝》，广西师范大学出版社2009年5月第1版，243页。

2　[美]尼尔·波兹曼，《娱乐至死·童年的消逝》，广西师范大学出版社2009年5月第1版，175页。

3　[英]A.S.尼尔，《夏山学校》，王克难译，南海出版公司，2010年5月第1版，175页。

　　某些出版社出版的性教育教材被人戏称"正规渠道发行的黄色小人书",这个评价其实是中肯的。我曾公开对这类图书提出批评,得到一些人的支持,也遭到了激烈的网暴。

　　网上看到有位很活跃的性教育专家,他一方面把性与犯罪紧紧联系在一起进行所谓的性教育,暗暗地打压性的美好;另一方面又建议在中学校园里安装安全套售卖机,并教给学生如何使用安全套。此惊人建议除了让这位专家的名气更大一些,有什么价值呢?

　　校园里装安全套售卖机是为购买方便吗?那么为什么要让中学生这么方便购买呢?难道是要学生很方便地在校园里使用吗?如果不是,安这个干什么?为什么不建议把银行提款机安装到校园里?假设安全套售卖机真的被安装到中学校园,对于情窦初萌、好奇心重、什么都想尝试一下的孩子们来说,是保护还是教唆?而这位专家的"教给学生如何使用安全套"的建议更是匪夷所思,他不去想一下,为什么要去教学生使用这个?什么场合下教?会去购买安全套的学生他们的智力水平难道不够看懂使用说明吗?

　　如果我们真的想保护未成年人,我们的教育思路就应该是正常的、有价值的,并指向可操作。

　　前些年北京曾发生过一起几个中学生轮奸一名女同学的事,这件事被多家媒体报道,相关杂志也纷纷发表文章评析这件事,但几乎所有的结论都是"性教育缺失",呼吁和建议也惊人地一致——发生性侵事件是因为当事人缺少性知识,应该在中学开设性教育课,向学生讲解性知识——这样的推理在当下颇为盛行,也是校园性教育总是变成性器官知识和性交知识的讲解,把意识形态教育变成生理"科普"的社会根源。

　　这个受害的女同学,难道是因为她缺少性知识吗?当一个孩子处于被性侵的危险环境中时,多少性知识能帮助她抵挡坏人的伤害呢?同时,这几个施害的中学生,即使把所有的性知识都告诉他们,甚至把所有关于性的道德戒律都讲给他们，他们就不去残害女同学了吗？难道他们犯罪是因为缺少性知识？他们不知道这是在犯罪吗？

三、要坚决反对打着性教育幌子对儿童实施"心理性侵"。

错误的底层思维会导致错误的教育方式。在性方面持有旧观念的人，借助"性教育"这个幌子，半遮半掩地把两性最隐秘的东西早早地展示给纯真的孩子们，这无异于对儿童进行"精神猥亵"，或者说是公开的"心理性侵"。

曾在报纸上看到一所小学搞"性教育"，老师在教室里把男孩女孩分开，弄一个铁丝做成的大圆圈，用一层薄纸覆盖，暗示这是处女膜，然后让女孩子举着，男孩们冲破这张纸，从纸的这头钻到另一头——这样的"性教育"到底意欲何为？设计者当然是有一套说辞，但再漂亮的说辞都是设计者的自我陶醉，如果他们足够诚实，就应该承认自己的愚蠢和潜意识的猥琐。

美好无痕的性教育，在于成人用坦荡自在的态度呵护儿童的羞耻心，为其独立探索性秘密保留足够的空间和时间，使其长大成人后对性爱有更多的尊重，性感受更加轻松、浪漫和欢乐。而这些拙劣的"性教育"，把性的美好、快乐、私密性全部抹杀，使孩子们视性行为为儿戏，既消解了孩子们对性的尊重，还挑逗了他们的好奇心。

网上看到一个国外的女演员要生第三个孩子，为了给两个儿子做活生生的"性教育"，她在家中生产，让两个儿子观看她生孩子的全过程——她的儿子一个三岁多、一个六岁多。报道这件事的媒体配发了一张女演员裸体生孩子的照片，乳房和下体都打了马赛克——连给成人看的报道都要把关键部位打马赛克，而她的两个幼儿却要在现场观看妈妈的身体和全部生产过程。

因为有了性教育的理由，羞于给公众暴露的身体部位就可以大大方方暴露给自己的孩子，她的孩子难道是特殊材料制成的？假设这个女演员要做一个胃切除手术，她会不会想到把孩子们叫到跟前观看，要不要说这是为了对孩子进行饮食教育？媒体还有没有兴趣报道？

性教育不是性知识解密。当代哲学家周国平先生说过："羞耻心是童年存在的前提，儿童的天真在相当程度上依赖羞耻心。当儿童能够任意接触成人的知识禁果时，他们其实就被逐出童年的乐园了。"

几年前，长沙一所小学组织三四年级的孩子观看剖宫产的视频，说是为了让孩子真正理解"我是从哪里来的"，血淋淋的特写镜头吓得一些孩子大哭。此事上了媒体，评论者莫衷一是。成人热热闹闹讨论了一番，学校出了一点名，但孩子们心中的阴影谁来负责消除呢？

四、性教育应该做些什么？

性教育的目标是两方面，一是要保护好孩子，防止儿童遭到性侵；二是防止儿童心理扭曲变态，长大后去性侵别人。这两方面都是成年人的责任，主要是家长的责任，所以性教育的主要对象应该是家长。

性教育不是孤立于其他教育的部分，而是整体教育中的重要组成部分。所以"不管是最好的管"这一理念同样适用于性教育。

在这个理念之上，做到以下几点。

第一，在孩子能听懂话时，简单清楚地告诉孩子，背心和裤衩覆盖的地方是身体的隐私部位，非常宝贵，不可以让任何人故意碰触抚摸，包括父母亲和兄弟姐妹。

家长要以身作则，既然孩子的隐私部位不能让别人碰触，那自己的隐私部位也不可以随意在孩子面前暴露。不要在孩子面前赤身裸体，夫妻生活更要注意私密性，不可以被孩子看到。有的孩子出于好奇，可能会提出想看父母的私处，如果父母有所纠结，明确地告诉孩子，那是我的隐私处，不想让别人看。拒绝的口气一定要温和干净，不要让孩子觉得自己的要求是丑陋的。

第二，性是生命的本能，完全可以无师自通，家长和老师无须刻意去给孩子讲身体构造，要讲就从头到脚都讲一下，不要单独把生殖器拎出来讲。

孩子一般到了两三岁后，开始喜欢探索自己的身体，当他发现男孩和女孩身体的不同时，会提出一些相关问题。父母要心态平和、语言干净地给孩子进行简单的解释，绝不要流露难为情。如果孩子不提相关问题，没有相关要求，家长也不必强行去塞这方面的知识。"无为而为，顺其自然"是原则。

第三，我们平时做人要"信任别人"，但在保障孩子安全问题上，要"不相信任何人"。不要轻易把孩子单独留给某个外人，尤其是不能完全相信的异性。比如我女儿圆圆学了几年二胡，一直是一对一学习，其中跟过两位男老师和一位女老师。这几位老师都教得很好，学生一个接一个按时间排着来。我发现有些家长把孩子送来后就走了，到学完了再过来接。而我始终从头到尾跟着，从没把圆圆单独留给老师，不管是男老师还是女老师。并不是说我对这些老师有所怀疑，而是孩子尚未成年，她和任何人单独相处我都不放心。

第四，亲子关系良好，是孩子免于性侵危险的最好保护。得到爱的孩子，天然地懂得保护自己，也绝不会去侵害别人。所以要最大化地消灭性犯罪，最根本的解决之道是父母好好爱孩子。

内心丰足的孩子，拥有更强的自我保护能力，他不容易被眼前的一些小利益诱惑。如果孩子内在匮乏感强烈，有时坏人的几句好话、一根棒棒糖，都可能把孩子引诱到危险之中。

父母与子女之间如果建立了牢不可破的信任关系，孩子在遇到任何侵害时，会及时让父母知道。有些孩子即使被别人侵犯了身体，也不敢对父母讲，这种情况是由于平时父母对孩子比较严厉或非常冷漠，孩子要么是出于惧怕，要么是觉得说了也没用，宁愿忍受外界伤害也不向父母求助，使得伤害一再发生，直至无法掩盖。

第五，万一孩子遭受了性侵，家长在孩子面前一定要保持情绪稳定，不要情绪失控吓着孩子，更不能批评和打骂孩子。性侵儿童一般都是熟人作案，无论是谁，家长绝不能为了面子而息事宁人。要勇敢地站出来揭发坏人，让坏人得到应有的惩罚。这样既安慰了自己的孩子，也保护了更多的孩子。同时要尽量淡化这件事对孩子的影响，告诉孩子，你没有任何过错，是家长没有保护好你。如果孩子感觉父母永远是无条件地爱他的，孩子受到的伤害就会降到最低。

第三章

回归自然养育

孜子与父母间的亲子关系质量，决定了孩子未来和整个世界的相处质量。父母应该在孩子的成长中扮演主角，在孩子的衣、食等方面回归自然，和孩子一起成长。

胎教如何"教"？

"胎教"的落脚点应该在孕妇的情绪和感觉上，而不是采用某种物理手段，绕过母体，直接给肚里的胎儿递去点什么。

这些年，关于胎教的说法和做法很多，也出现了相应的胎教产品和胎教市场，如胎教仪、胎教图书、胎教训练班等。孕妈妈们在这些信息包围中一方面可能会有些不知所措，不知该相信什么；另一方面也因为盲目相信而增加身体劳累和经济负担。

良好的胎教其实极为简单，无须额外多花一分钱。

胎儿和母亲是完整的一体，相当于母体的一个器官，一切需要都必须以母体为介质来转化、吸纳，任何外部的东西都无法跨过母亲直接输送给胎儿。犹如胎儿需要的营养必须首先吃进孕妇嘴里，由母体输送给胎儿，而不能用针管打进子宫里一样。所以"胎教"的落脚点应该在孕妇的情绪和感觉上，而不是采用某种物理手段，绕过母体，直接给肚里的胎儿递去点什么。

例如有人为培养孩子的音乐天赋，对着肚子放音乐，以期肚中的宝宝能听到，并且所选乐曲都是"高雅音乐"。如果孕妇本人喜欢这些，那应该不错；如果孕妇不喜欢这些，甚至有些烦，她真正想听的是流行歌曲，那么流行歌曲才是最佳的胎教教材。

曾有媒体报道孕妇整天把录音机放到肚子上，声音开得大大的，希望肚里的宝宝能听到，结果损坏了胎儿的听力。

还有些医生说要进行"光照胎教"，用手电筒定时照射孕妇的肚子，认为这能刺激胎儿对光的反应，引起胎儿的活动，但这恐怕也是"拍脑袋主意"。孕妇需要晒太阳，这是事实，但它也是基于一个自然人的正常需求，因为适宜的阳光对于每个人都是有益处的。孕妈妈需要给肚里的宝宝提供更多的营养，更需要依照健康的生活方式来管理自己。母亲吃好睡好，适当亲近天地自然，身心健康，胎儿自然发育得好，何须专门弄个手电筒来照肚子？哪怕这样做确实能引起胎儿的活动，那又怎样？胎儿有自己的生活节奏，凭什么要你从外面来控制呢？

技术是把双刃剑，如果对它缺少敬畏，进行反自然的操作，损害也必然会发生。

二十世纪中期，德国一家制药公司生产出一种用于治疗孕妇呕吐、失眠等妊娠反应的药品，俗称"反应停"，当时被宣传为对孕妇无任何毒副作用。该药品除了在德国（西德）被广泛使用，在澳大利亚、日本等国也风靡一时。结果其后几年间，这些药品使用国家新出生的婴儿大量出现严重先天畸形，典型症状为四肢残缺短小，整个人的形状像海豹。"海豹肢症"后来被证实和母亲怀孕期间服用"反应停"有直接关系，这一惨痛事件被称为"反应停事件"。

"反应停事件"是一个极端事件，因此最终能被发现和关注，而生活中有太多的细节，因其平常而容易被忽略。

反自然的一定是有问题的，这是我们应该记住的一个规律。

胎教的影响是由情绪作为纽带产生的。所以我们判断一种胎教对不对路，要以母亲是否愉悦来考量。凡是让母亲愉悦的东西就是好的，就适宜用来做胎教，否则就是无效的或负面效果的。

比如从理性层面或大众的习惯上说，看一场美术展览比逛一下午商场是更好的胎教选择。但如果你实在不喜欢看美术展览，对此没什么感觉，却很想去逛商场，那就不要犹豫，逛商场去吧。感觉不会骗人，此种心境下，逛商场就是比逛美术馆更好的胎教行为。

胎教的底线就是放松和愉快，一切有悖于此两点的做法都不利于胎教。

假如你平时喜欢看恐怖片，喜欢玩紧张刺激的游戏，或习惯在压力下拼命工作。怀孕之后，就应该戒断这些。因为看恐怖片或玩紧张刺激的游戏，以及承受压力，可能只是结束后有某种快感，但在过程中并不轻松愉快，这种感觉对胎儿是不友好的。

中国传统文化中有"目不视恶色，耳不听淫声"的行事原则，这一点对孕妇尤其重要。母体的紧张、恐惧、愤怒、忧伤等，对胎儿都没有什么好处。

说到底，胎教要"教"的是孕妇自己，唯一正确的"功课"是让自己身心舒泰。

科技日新月异，观念层出不穷，新一代家长在育儿中尽量回归自然，使育儿这件事更接近自然，趋于简单和美好，这样就不至于被轻易带进沟里。

自己不带孩子就是渎职

　　如果家长能领悟儿童成长中每一天、每一种境遇的重要，知道这些境遇会对孩子产生巨大的影响，那么父母又带孩子又工作的能力和办法自然就有了。

　　想做一件事总有理由，不想做一件事尽是借口。

　　圆圆一岁零三个月时，她爸爸在原单位办理了停薪留职，到厦门工作去了。我当时还在原单位上班，一个人带孩子生活，面临着很大的困难。而家里的老人当时又都无法过来帮忙。

　　圆圆的姥姥在另外一个县城里，距离我们当时居住的内蒙古集宁市得七八个小时的车程，并且她姥爷当时生活已不能自理，需要人照顾。她奶奶住在更远的一个旗，坐班车得十几个小时，家里也一大摊子活儿，走不开。但她奶奶在圆圆还未出生时就对我们说过，要是上班忙，就把孩子送回老家去，由她来照顾。现在知道圆圆的爸爸要到外地工作，就更急切地要求我把孩子送回去，说她肯定能把孩子照顾好。

　　婆婆家在牧区，生活条件不错，她是个干净又麻利的人，也很慈爱，在饮食起居方面肯定比我会照顾孩子。但我谢绝了，我要自己带孩子。

我们当时已在附近找了一个老太太，白天上班时把孩子送去，中午和晚上下班了接孩子回家，一天接送四趟。先生到厦门后我和老太太商量，又给她加了些钱，中午就不接孩子了。

但我并不因此感到稍微的轻松。自从有了孩子，家务活儿就仿佛乘以三，一下变得多起来。以前她爸爸在家，我俩一人干活儿一人看孩子，尚且忙得团团转，现在我一个人既要干活儿又要看护她，感觉家务活儿在乘以三的基础上又乘以了二。

圆圆当时刚学会走路，正是最累人的时候，跌跌撞撞地到处走，一会儿都不安分。又对一切充满好奇，什么都想动一动。我的眼睛一刻都不能离开她，在哪里干活儿时，必须把她带到哪儿。

做饭时，把小尿盆拿进厨房，想办法哄着她让她坐上去不要动；擦地时，要逗她在学步车里多待一会儿，以便空出两只手来拿拖布……但她并不愿受我的摆布，经常是我急着要做饭，她抱住我的腿缠磨着要抱抱；我想洗碗，她拒绝了递到她手中的玩具，要我讲故事；我急着赶快吃完饭上班，她却把饭撒了一身，需要重新换衣服……我忙得从早到晚没有休息的时间，真是觉得需要长出三头六臂才能应付。

我以前一直不太会干家务活儿。我是家中老小，上面有两个姐姐和两个哥哥，从小被惯得游手好闲；结婚后又遇个勤快先生，家里的活儿差不多都让他干了。这一下子独自一人又忙孩子又忙家务，还要上班，实在是太累了。我的血压降到令医生觉得不可思议的地步，认为我应该卧床休息了，但我却一样不少地干着。

婆婆不放心，再次捎话来，要我把孩子送回去。在另一个城市的大姐也想帮我带孩子，她儿子当时已上小学，她说自己有精力帮我带孩子。我知道她们都很会照顾孩子，但我还是决定自己带，谢绝了她们的好意。

我能这样坚持，主要出于两方面的考虑。一是孩子的启蒙教育。婆婆没上过学，她这方面肯定不如我。二是考虑孩子的感情。我想，对于一个孩子来说，奶奶和大姨再疼她，她也需要天天看到妈妈。在孩子的情感需求上，没有人可以取代妈妈。

我周围不少人都把孩子送给住在外地的老人看，一个月或几个月去看一次。他们都说孩子小不懂事，哭上几天就不想妈了，习惯了就好了。我不认为事情这么简单，这一点从圆圆当时突然看不到爸爸的惶惑上就能感觉到。

她虽然不会说，但从她的一些表现和一些偶然的词语表达，我能感觉出她小小的心一定是因为长时间看不到爸爸而难过。如果再突然看不到妈妈，她和奶奶、大姨又不太熟悉，真难以想象那样的话，孩子小小的心会有多么痛苦。同时我也考虑，如果现在狠狠心把她送给奶奶或大姨，两三年后我把她接回来，她不知又要有多长一段时间的情感失落。

美国儿童心理学家本杰明·斯巴克认为："儿童出生数月后，开始热爱和信赖经常照看自己的那一两个人，把他们看成是自身安全的可靠保障。即使年仅半岁的婴儿，也会因为照顾自己的父亲或母亲突然离去，而丧失对人对物的兴趣，不开笑脸，不思饮食，精神上受到严重的压抑……儿童长大成人后，毕生处世乐观还是悲观，待人热情还是冷漠，为人多信还是多疑，这在很大程度上取决于他们出生后头两年中主要负责照看他们的人的态度。"[1]

即使这些顾虑都不存在，单为了亲眼见证孩子一天天的成长，我也要自己带孩子。这个问题上我几乎没犹豫过。

她爸爸到南方一年后，我也从单位办了停薪留职，开始了一起走南闯北的日子。我们好几年稳定不下来，工作一直很忙很累，但始终把圆圆带在身边，没让她离开一天。

---

[1] [美]本杰明·斯巴克、米歇尔·罗森伯格，《新育儿百科全书》，翟宏彪译，中国建设出版社，1989年第1版，37页。

并非整个过程让我们觉得多么不容易，多么苦多么累；恰恰相反，艰苦的时间很短，很快过去。孩子实际上是越来越好带。在父母的亲自养育下，圆圆的智力和情感两方面都发育得很健康，她身上没有任何让我们头疼的、难以解决的毛病。包括饮食起居等方方面面，我们都一直感觉既简单又顺手。

这方面的轻松，孩子越大越显现出来。我们甚至发自内心地有一种遗憾——孩子怎么长得那么快，还没玩够，就突然间长大了。

周围的一些人看见我们似乎从来不为孩子操心，孩子却成绩好又懂事，觉得我们做家长很轻松，就羡慕我们命好。

这时我总是不由自主地想到一些家长，当孩子小的时候，他们对孩子何等怠慢。有的人"一心扑在工作上"，有的人忙着喝酒应酬，有的人整天沉醉在麻将桌上……我甚至见过一位母亲，她仅仅是出于对婆婆给妯娌看孩子的嫉妒，就硬要把自己已经三岁的孩子也送给住在另一个县城的婆婆。这样的父母，孩子小时候，他们不关注他的情感需求和教育需求，到孩子大了，有了这样那样的问题，才对自己的孩子抱怨连连，感叹自己命苦，说自己做家长不容易，从不去想孩子多么不容易。

2007 年，我从《北京青年报》上看到一件事。一个叫陈宇的上海男孩子，从大学退学，离家出走，五年杳无音讯。父母多次外出寻找未果，至今仍不知其所在。陈宇父母都是高级知识分子，1987 年陈宇出生后，父母都忙于事业，把他放到外地的姑姑家，直到五岁才接到身边。可以想象，孩子在很小的时候离开父母就已经是非正常操作。他的真正抚养人是姑姑，在五岁这个已形成较稳定感情的年龄，被迫和姑姑分开，进入一个新的陌生环境。

父母只是按自己的需要调遣孩子，他们可曾考虑到这不是一株植物或一个小动物，而是个具有丰富思想感情的人。他们哪里能想到孩子在这个过程中，会经历怎样的痛苦，落下怎样的心理创伤。

从报道的字里行间看出，父母在后来和陈宇的相处中，缺少亲情交流，缺少沟通上的和谐，孩子和父母间有严重隔阂——很多由他人长期抚养的孩子，在回到父母身边后，都会表现出和父母相处的不和谐。陈宇决绝地离开家庭，宁可让自己变成"孤儿"，由此可以推测他多年来对父母的失望有多深。他父母现在都退休了，才意识到他们可能永远失去了儿子。这是多么令人痛心的事啊！

多年来，"陈宇式"的抚养方式并未引起广泛的质疑。把孩子委托给一个可靠的人，自己专心投入工作，这种"生"与"养"的分离不但没有受到批评，反而成为一些人，特别是工作上取得成就的人得到赞美的事迹与证明。

近年来，随着城市化进程中大批农村务工人员进入城市，生而不养更成为一种主流现象。

每当成人利益与儿童利益发生冲突时，成人总是选择的主动者，是强势一方，孩子总是选择的被动方，是弱势方，所以做出牺牲和让步的总是孩子。

把养育孩子的责任推出去，这种教养方式对儿童的损害不会立即呈现，但孩子不会白白做出牺牲和让步，任何不良的成长过程都会在他的生命中留下痕迹，成为日后影响他生命质量的一个病灶，同时也给整个家庭带来好多麻烦。

农村"留守儿童"问题开始受到人们的关注，因为最早一批留守儿童已经长大，他们身上普遍存在的一些问题已显露出来，而城市"寄养儿童"问题却并未引起人们的关注。

城市"寄养儿童"不一定都是送到外地，大多数是和父母一起生活，只是他们的真正看护人是爷爷奶奶或保姆。从空间意义上说他们和父母在一起，天天能见到或一周见一次。实质上，由于父母对他们不用心，他们有着和农村留守儿童相同的成长境遇。这种情况更应引起关注。

三年前我接触到这样一个例子，一个十岁的小女孩，性情很古怪，学习成绩不佳。她一方面表现出对父母很依恋，非常在意父母对她的态度；另一方面又天天和父母吵架，冲突不断，从不肯听父母一句话。她的父母都非常能干，都是单位里的重要负责人，家里经济条件非常好，从孩子一出生就专门请个保姆来家里照顾孩子。母亲在生完她三个月后就上班，把带孩子的事完全交给了保姆。

从表面看孩子一直和父母生活在一起，但由于父母工作忙，每天早出晚归，且经常出差，孩子从早到晚全是和保姆在一起，连晚上睡觉也是和保姆一起，孩子住在自己家，却如同一个"寄养儿童"一样缺少和父母相处的机会。这种情况下，孩子对保姆产生了依赖，保姆也很疼爱小女孩，俩人感情很好。每次保姆回老家探亲，孩子都不想让走，这比妈妈出差还让她难过。

但小孩四岁时，家长和保姆在报酬问题上发生了冲突，就坚决地把保姆辞退了，另找了一个保姆。孩子和新保姆处不来，整天闹，父母就再换保姆，还是处不来，只好再换。

在数次更换保姆间，孩子也长了几岁，她不再闹了，但不论什么保姆进门，都拒绝和保姆说话。这样，孩子实际上就是每天孤零零一个人在家。父母还是忙于工作，很少有时间和孩子交流。偶尔在一起，就是问一下孩子的考试成绩或带她到外面吃一顿饭。直到学校老师通知家长，孩子旷课到外面见网友，女孩父母才着急了。

母亲带孩子来找我，但她的言谈间没有一点自我反思的意思，只是认为孩子自己有问题，指望我给孩子做做"思想工作"，所以对于我提出的孩子的现状和父母教养态度有关的观点，这位母亲表现出很不愿意接受的态度。

当我提醒她不该把孩子完全交给保姆，却又无视孩子和第一个保姆间早已形成的依恋关系时，她有些不高兴，说："好多人家的孩子都是保姆帮着带，谁家不换保姆呢，人家的孩子也没出现问题。"

当我提出她每天应该有足够的时间陪孩子说话、玩耍和阅读的要求时，她有些生气了，说："我工作那么忙，哪有时间陪她。我小时候父母也不管我，这不也成长得很好吗？"

而当我最后给出建议说，如果你的工作使你比一般人忙得多，实在没时间关照孩子，那么想办法换个岗位吧，你以前对孩子太冷落，现在必须要用很多时间和精力来弥补和修复，孩子已经十岁了，我担心再往后推几年可能就真的再没有改善的机会了。"换岗位"这句话让这位母亲彻底生气了，她当时就表现出明显的情绪，并且以后再也不理我了。

我最近听说这个女孩被父母送到一个专门招收"问题学生"的"行走学校"里。该学校的主要工作就是对这些被他们视为有问题的学生进行"军事化训练"，即每天要走很长的路，练习站军姿、紧急集合等，有谁不听话就惩罚，所以学生挨打或受其他身体折磨是家常便饭。"学校"收费很高，但招的学生还很多。许多孩子都像这个女孩一样，父母很忙，家庭经济条件很好，孩子有问题，就被送到这里改造。

我还听说该"学校"校长就有个不成器的孩子，他就是从训练他的儿子开始做这个"行走学校"的。他儿子没训练好，还那样，倒是成全当爹的做了"校长"，既出名又赚钱。

花钱买"教育"是件多么容易的事啊，只是不知道他们最后买到的是什么！

现代家庭教育中一个很大的问题是，父母可以为孩子付出生命，却不肯为孩子付出时间和心思。

那些把干事业和养育孩子对立起来的人，那些根本就不在乎和孩子相处时间及相处质量的人，那些不去细腻体悟孩子感受的人，不是他们不爱孩子，而是骨子里不认为和孩子相处是件重要的事。在他们那里，孩子不过是一件宝物或一个小动物，可以暂时寄存于一个值得信赖的人那里，然后可以随时完好无损地取回来。他们没有看到婴幼儿是有思想有感情的活生生的人，喜怒哀乐、成长中的每一种境遇，都会在孩子那里留下深刻的痕迹——小狗被寄养到别人家，它都会因为看护人突然变化而抑郁，何况活生生的孩子。

一个小小的孩子喊你爸爸妈妈，那不是轻飘飘答应一句的事，那需要你在时间、精力和心思上付出很多。既然决定要孩子，就要对孩子负责、用心，把和孩子相处当作一件非常重要的工作来认真对待。

不要轻易把孩子送回老家，让老人或亲戚帮着带。要尽量想办法把孩子留在自己身边，最好能天天见到孩子。有实际困难，应该由家长去克服，不要让孩子来扛。

即使你和孩子生活在一起，也要注意，不要心里只装着工作和社交，仅仅拿出所剩无几的精力和时间的边角料来分配给孩子。不要对孩子的需求漫不经心，要认真对待和孩子相处这回事，不要让你的孩子置身于精致的房间，却成为精神上的"留守儿童"。

如果出于客观原因，必须要和孩子经常分离，也一定要想办法尽量减轻和降低孩子在感情上的失落，比如提前让孩子和爷爷奶奶或其他临时抚养人建立感情，分别的日子里经常给孩子打电话，多和孩子沟通，定期去看孩子，让孩子感受到父母时刻在关心着他，尽量减少孩子的失落感。

家长在孩子小时候多付出一些辛苦，往往有四两拨千斤的功效。这个"付出"是天下最划算的"投资"。如果把这件事做反了，在孩子小时候不注意，不把教育孩子当回事，到孩子长大了，不知会有多少麻烦。有谁能把一张乱涂乱画的纸擦干净呢？

上帝造人，让人天然地爱自己的孩子，就是为了使父母能够用心地养育自己的孩子。"工作忙"等任何原因，都不应该成为你对孩子不用心的理由。我们努力工作原本是为了创造更美好的未来，最后却在"祖国的未来"——儿童的教育上出了麻烦，于家于国，这样干"事业"的意义又是什么？

家长这个角色何等重要，说小了关系到一个孩子的命运，说大了关系到全民族的未来，所以必须要虔诚地去做，不可以怠慢，否则就是犯了渎职罪。

如果家长能领悟儿童成长中每一天、每一种境遇的重要，知道这些境遇会对孩子产生巨大的影响，那么父母又带孩子又工作的能力和办法自然就有了。

想做一件事总有理由，不想做一件事尽是借口。

在这里，我也想对老一辈人——孩子的爷爷奶奶或姥爷姥姥们说，也许您有丰富的带孩子经验，也许您刚刚退休，身体还非常好，也许您的儿女们现在非常需要您的帮助，您可以适当帮忙，但无论如何，您都没必要在照看孙辈这件事上"包打天下"。

您不能让您的儿女觉得家里多个孩子只是多了个"小宠物"，而不经历屎一把尿一把精心带孩子的过程；不能让他们当了父母，还在心理上吸吮奶嘴，而不考虑自己对这个小小的人除了有提供经济保障的责任，还有提供感情与教育的责任。所以您不妨在抚养孙辈这件事上少做一些，把更多的事情推给儿女自己去做，让他们在学习做父母的过程中，自己也进一步成熟起来。这对他们两代人都是件非常重要、非常有意义的事。

隔代抚养：一个人的安全感首先是母亲给的

父亲的角色非常重要，父亲对于儿童成长的重要性怎么说也不为过。本文只是从父母角色和功能的差异上来探讨母亲这个角色对儿童无可取代的、极为特殊的影响。

儿童和世界的第一个联结通道是由母亲建立的。

母乳喂养、肌肤相亲、一言一语、一歌一笑，等等，都是在打通和拓宽这个通道。

亲密母子关系是亲密父子关系的前提，孩子与父母间亲子关系的质量，又决定了孩子未来和整个世界的相处质量。

我在工作中经常遇到些一头雾水的家长，他们和孩子的相处有很多困扰，主观上很想解决，但对于了解孩子这件事，既缺少能力也缺少兴趣，所以改善也非常不易。

比如有位妈妈给我写咨询邮件，一封信基本上只有三句话。第一句说她两岁的孩子经常哭，第二句问我这是怎么回事，第三句直接索求答案"如何能让孩子不哭"。从她这三句话中，我可以感觉她对了解自己的孩子是何等没有兴趣。

还有一位妈妈，她说自己四岁的孩子在外面特别胆小，但回家却经常发脾气，不知这是怎么回事。我提醒她应该注意两个方面：第一，家长是否经常在孩子面前吵架或发脾气，做了坏榜样；第二，是否平时对孩子管得太严太细，甚至有打骂，孩子心理受阻，就会胆小且脾气不好。她回复说，你说得对，这两种情况确实我们都有，家长确实有些地方做得不好。可你没回答我的问题，我的问题是怎么能让孩子在外不胆小、回家不发脾气啊！

从这些家长的态度和反应可以看到，她们和孩子间隔着一块玻璃，表面上看靠得很近，却无法拥抱、无法沟通。

可能有人会说这是因为这些妈妈文化素质低，但从我接触过的家长来看，并不是这个原因。很多人其实学历很高，只是在和孩子相处时，显得很"笨"。她们只是有了一个孩子，却从未对这个孩子产生真正的兴趣。

心理学家阿德勒说过：所谓母亲的技巧，我们指的是她和孩子合作的能力，以及她使孩子和她合作的能力。这种能力是无法用教条来传授的。每天都会产生新的情境，其中有很多地方都需要应用她对孩子的领悟和了解。她只有真正对孩子有兴趣，而且一心一意要赢取他的情感，并保护他的利益时，才会有这种技巧。[1]

阿德勒的话指出了问题的关键所在。

女性角色在几千年的人类发展史中有了很大变化，由家庭人变为社会人。但人类的天性在过去三千年中几乎没有什么改变[2]。几千年前降落在

1　[奥]A.阿德勒，《自卑与超越》，黄光国译，作家出版社，1986年9月第1版，105页。

2　[美]戴维·迈尔斯，《社会心理学》，侯玉波等译，人民邮电出版社，2006年1月第1版，94页。

草丛和兽皮上的孩子需要母亲的怀抱，几千年后在电子仪器监护下和高档婴儿产品包围中出生的孩子也需要。**母亲是孩子早期生活中不可或缺的角色。生命最初的几年，是人生的黄金期，几乎奠定了孩子一生发展的基础。**

大自然设计人类是有深意的。让我们想一下，为什么民间会总结出"宁死当官的爹，不死讨饭的娘"这样一种真理般的俗语？为什么男人的生育能力可以维持到六七十岁，甚至八十岁，而女人的生育能力只能到五十岁左右？这样的设计，就是要保证一个孩子出生后，他的妈妈有足够的时间和精力来抚养他长大成人。

一个孩子失去父亲是失去了世界的完整，而要失去母亲，则是失去了整个世界。

不幸的是，很多母亲却在现代生活中失去母性，尤其是一些学历高或事业心强的女性，由于她们过分看重自我奋斗的价值，且严重低估母子相处的价值，不能很好地协调自己的自然角色和社会角色间的矛盾，经常为了一些现实的利益而忽视自己作为母亲的责任。

比如因为担心乳房下垂而主动放弃母乳喂养，嫌带孩子太累而把孩子全部委托给保姆，因为干事业很忙常年见不着孩子等等。

母爱的温暖是一个生命能正常发展的必要条件，缺少了这个条件，蕴藏在生命中的正常潜能就可能无法被激活。

我认识的一位妈妈，孩子出生后，本来奶水很好，三个月产假结束时，为了心无旁骛地工作，硬生生给孩子断了奶，并把孩子交给婆婆带。婆婆虽然和她住一个城市，但离得比较远，她只是周末去看孩子一下，吃顿饭，然后就走了。

婆婆本身不爱说话，也很少带孩子到外面玩，经常让孩子看电视或自己玩，并且为了家里的整洁，只让孩子在专门辟出的"儿童房"里玩，不允许到其他房间玩，迈出"儿童房"的活动基本上只限于坐在客厅看电视。孩子没有说话的对象，也没有玩伴，除了看电视是专注的，看人眼神都是躲闪的。

到孩子三岁要上幼儿园时，才发现不对劲。孩子语言障碍严重，基本上不会和人交流，且十分胆小，随便一点声音都会把他吓得躲到奶奶怀里，好久不出来。对妈妈似乎没有感情，很少表现出一般孩子对母亲的亲近和留恋，但情绪却十分不稳，经常发脾气或大哭。这位妈妈后来带孩子去医院看心理科，被诊断为"自闭症"。

我曾和一位某三甲医院心理科的医生交流过，他说现在罹患自闭症、多动症等神经官能症的孩子越来越多，就诊的孩子往往有较为典型的成长经历，90% 以上在幼年早期和母亲有较长时间的分离，由老人或保姆带大。而负责照看孩子的老人或保姆要么对孩子管得太严，包办太多；要么经常把孩子交给电视机，不注意和孩子的互动交流，几种原因加起来，很容易造成这些孩子的心智无法正常发育。

孩子对妈妈的依恋与生俱来，对妈妈的思念无法诉说，见不到妈妈的痛苦无人理解。童年创伤必定会在生命中留下无法痊愈的内伤。即使不出现品行方面的问题，也会影响到未来的生活质量。

现代女性大多数都会外出工作，工作上需要像男性一样努力。有了孩子后，家务增加了好多，工作却不能少干，女性在时间和精力上都会进入一个捉襟见肘的困难期。如果再加上丈夫不给力，女性的压力可想而知。

但压力不能转嫁给孩子，否则眼下愧对孩子，将来愧对自己。这需要女性运用智慧，想办法把事情安排好，同时也要做好辛苦几年的准备。孩子很快就会长大，今天的辛苦都会成为日后的欣慰，而不是遗憾。

中国许多王朝的败落，一代不如一代，我认为其中一个重要原因，就是皇子皇女虽然含着金汤匙出生，而且自幼都配备着高水平老师。但他们往往从婴儿期就不和母亲亲近，吃奶睡觉交给奶妈，生活起居交给宫女，游戏玩耍交给太监——奶妈、宫女和太监这些曾经生活在底层的人成了皇室后代的直接影响人，不少皇室后代和奶妈的关系要超过和亲妈的关系。所以皇宫造就的，并不一定是善良漂亮的公主和潇洒勇敢的皇子，皇宫也常常出产懦夫、混混和暴君。

心理和感情如果没有获得正常的营养，锦衣玉食、血统高贵，也无法让一个人身心健康。如果有人从这个角度来研究历史，我想一定是很有意思的一件事。

童年是极为特殊的一个时期，这个时期是否获得了母爱的滋养，几乎奠定了一个人一生的生命底色，会影响到他成年后的情感面貌。

比如有些年轻人在恋爱或结婚后，不会和伴侣相处，要么过分依赖，要么过分苛刻，总扮演情感的伤害者和被伤害者角色，也有人心底自卑，外表傲慢，身上有种说不出的别扭，难以和他人合作相处。这些成年后的问题，往往可以追溯到他童年时期安全感方面的欠缺，安全感缺失的主要原因就是母爱的缺失。

这里强调母爱，并不是说父爱不重要，更不是说父亲在育儿中可以心安理得地做旁观者。父亲的角色非常重要，父亲对于儿童成长的重要性怎么说也不为过。本文只是从父母角色和功能的差异上来探讨母亲这个角色对儿童无可取代的、极为特殊的影响。

还是那句话，一个孩子失去父亲是失去了世界的完整，而要是失去母亲，则是失去了整个世界。

隔代抚养，隔开生命间的联结

孩子只要天天能见到父母，经常有和父母亲密接触的机会，这就可以。父母和孩子哪怕每天只相处一小时，并且这一小时是轻松愉快的，孩子就可以正常成长。

中国传统文化中四世同堂、儿孙绕膝是件很美好的事情，是家庭生活中彼此温暖、合理互助的一种形式。现在，绝大多数老人都会帮子女照看孩子，这既是传统文化的延续，也是家庭成员间很现实的关怀。但这件事应该做得有度，如果"隔代帮忙"变成"隔代抚养"，就会过犹不及，变成帮倒忙。

很多家长在孩子刚过了哺乳期，一岁左右，甚至更早，就把带孩子的任务"承包"给爷爷奶奶，即使生活在一个家里，孩子的吃喝拉撒睡一切事务，全部由老人包办，父母在孩子的生活中只是业余角色。

更有一些没条件和老人生活在一起的家长，干脆把孩子全托付给老人，一周见孩子一次，或一月甚至一年见一次。也许正是甩手掌柜型的父母太多，现象成就了商机，于是这样的图书出现了：《孩子交给爷爷奶奶带——现代教育全攻略》《非常奶奶——隔代教育的成功之道》——市场操作就是可以这样不择手段地误导，让很多人晕头转向，误入歧途。

中国民间有种说法，孩子要屎一把尿一把地亲自拉扯才会亲，这是非常有道理的。血缘固然是一条纽带，但仅靠血缘沟通亲情，恐怕不够。如果父母和孩子早期相处不足，彼此间的情感联结就会比较稀疏，而这种联结有关键形成期，错过了就很难再建立健康的联结。这一点也已被现代心理学研究所发现和证实。

我们在生活中一定见过这样的例子，那些早期由爷爷奶奶或他人抚养的孩子，和父母间永远隔着一层东西。要么互相不理解，冲突不断；要么特别客气，宛如外人。没有相守的长度，就缺乏感情的厚度。

我的一个好友，她一岁半时被送回老家由奶奶来抚养。当时交通不便，且父母工作忙，再加上弟弟妹妹相继出生，她直到四岁才再次见到父母。父母在她眼里完全是陌生人，别人让她喊爸爸妈妈，她很想喊，可是喊不出来，为此遭到批评。两年后，父母准备把她接到身边。当她知道这件事时，恐惧大于兴奋。为了见到父母能叫出"爸爸""妈妈"，一个六岁的孩子，居然独自藏到一个没人的地方悄悄练习这两个发音，尤其是"妈妈"这个音。她说父母是有文化很善良的人，他们也想努力爱她，彼此都做了最大的努力。她后来克服心理障碍，终于学会了喊爸爸妈妈，但和父母的隔阂却一生也不能消除。用她的话说就是："我和父母之间永远也不可能有弟弟妹妹和父母间那种贴心贴肺的感觉，我永远觉得自己是个孤儿。"

我遇到过一些家长，他们持有这样一种观点，以前一家有几个孩子，送一个出去寄养，会出现感情偏差。现在我只有一个孩子，是唯一的爱，我不爱他爱谁啊。况且老人疼爱孙辈往往超过疼爱子女，所以孩子完全交给老人带不会有问题。

事实当然不是这样，有太多的例子说明，"唯一"并不能保证爱的深刻。如果相守的程度不够，哪怕只有一个孩子，亲情照样会打折。在孩子小时候和他分开几年，也许一辈子就无法亲近了。

孩子的思念没人理解，而且孩子不懂得如何去化解痛苦。情感上的欠缺必定会在生命中留下一些无法痊愈的内伤，即使不出现品行方面的问题，也会影响到未来的生活质量。

2011 年和 2021 年，媒体相继曝出了发生在同一个人身上的家暴丑闻。著名的某英语教育创始人李某在事业上取得了"疯狂"的成功，在家庭生活中亦扮演了一个"疯狂"的角色。他不仅对妻子实行长期的家暴，而且对孩子缺少感情，居然宣称孩子只是他用来做教学实验的试验品。在妻子忍无可忍和他离婚后的十年，媒体又曝出他对女儿家暴的录音，听起来非常恐怖。

我关注到不同媒体先后对他的报道，从字里行间看到隔代抚养如何在一个人生命中留下经久不愈的创伤。

李某小时候由外婆抚养，四岁才回到父母身边。尽管此后一直与父母生活，但一直到成年他都无法喊出"爸爸""妈妈"。他经历了什么——父母对他很严厉，经常骂他"笨蛋""猪"。他童年口吃，自卑懦弱，电话响他都不敢接，凡事隐忍。少年时期在医院接受治疗时，仪器出了故障烫伤皮肤，他都不敢叫出声来，忍着，脸上留下永久的疤痕。

李某成年后在事业上有所成就，外表看来他是如此自信，自信到自负，对此他自己这样说："自卑的一个极端就是自负。"他还说："强硬是我以前最痛恨的，所以才会往强硬的方面走，因为我受够了懦弱。"他也非常坦率地说过，即使后来取得了人们眼中的"成功"，名利双收，每天早晨起床后的半个小时，仍感觉非常恐怖，非常害怕，觉得工作没有意义，活着没有意义。

童年时代在亲情上的匮乏，让他内心积蓄了太多负能量，犹如一座被压抑的火山，成年后必定会以某种方式喷发，不但伤害家人，也伤害自己，甚至影响到他的事业。

孩子出生前几年，父母大多很年轻，往往正是在事业上打拼最忙的时候，但这不能成为自己对孩子大撒手的理由。**想做一件事总能找到理由，不想做一件事才找借口。只要想对孩子用心，时间总会找出来，办法总是有的。**如果此时的奋斗是为了将来有更好的生活，那么对孩子的陪伴，实际是一种收益极高的投资，受益者不仅是孩子，也是父母。

避免隔代抚养，并非意味着父母必须有一方辞职回家专门看孩子，更不是否定老人们帮忙的价值。能有老人帮忙带孩子是一种幸运，坚持"隔代帮忙"而不是"隔代抚养"其实也很简单，**孩子只要天天能见到父母，经常有和父母亲密接触的机会，这就可以。父母和孩子哪怕每天只相处一小时，并且这一小时是轻松愉快的，孩子就可以正常成长。**

当下，隔代抚养的糟糕后果已显现出来，但人们一直错误地归因，最庸俗浅薄的说法就是"溺爱"——不靠谱的解释除了误导人，更让人无法找到有效的预防手段。很多人为了不"溺爱"孩子，故意对孩子严格，这对"隔代抚养"的孩子来说，真是雪上加霜。这些孩子出现心理问题，不是得到的爱太多，而是太缺乏。

有一次，我听一个正在少管所接受教育改造的十六岁的孩子说起他失足的经历。他父母只有他这一个孩子，在他一岁时就外出打工，把他留下和奶奶一起在村里生活，他每年只是春节期间能见父母一次。算下来，他长这么大，和父母在一起生活的时间总共不超过两年。他说小时候特别想父母，天天都盼着他们回家，但几乎每次父母回来都闹不愉快。父母在短短的相处时间里，总是想抓紧时间教育他，可是又不得法，所谓教育只是不停地指出他哪里不好，告诉他应该这样应该那样。每次十几天的相处，还没来得及彼此熟悉，父母就该走了，他记忆中所谓和父母的相处，就是父母不断地挑毛病。即使这样，他也对父母充满眷恋，在十岁时，有一次和奶奶闹不愉快，一个人偷偷坐火车去深圳找父母，没找到，流浪了几天，被警察送回村里，为此又挨奶奶一顿打骂。父母在电话中也对他好一顿训斥，没有一点心疼的意思。他说最令他伤心的一次是十三岁那年，父母春节回来，看见他个子一下长高了，第一句话是：怎么驼背了？挺起胸来！并且在接下来的几天中也总是不停地告诉他应该这样、不应该那样，很少向他表达爱和感情，这让他感觉父母横竖看他不顺眼，自己在父母眼中真是不可爱，自此以后，彻底对父母失去希望，于是离家出走，开始堕落。

一般来说，无论爷爷奶奶多疼爱孩子，孩子在感情上仍然是和父母更近，孩子最依恋的，永远是父母。这是自然选择，天性所定。有时听到爷爷奶奶们半开玩笑半认真地说孙子是"白眼狼"，再疼他，他也是和他爸他妈亲——这其实是值得庆幸的事情，说明孩子和父母情感正常。相反，如果一位奶奶骄傲地宣称："我家这孙子，只是从他妈肚子里过了一下。现在跟我比跟他妈还亲！"这反倒暗示着某种隐患。

有一对定居美国的中国夫妻，他们的孩子出生在美国。为了孩子学好汉语及中小学基础课程，他们就把六岁的孩子送回国内读书，由爷爷奶奶照看，父母半年见孩子一次，准备到上高中再接回去。父母送孩子回来时，为孩子置办齐了一切，甚至牙膏都从国外带回来，担心孩子不习惯国内的牙膏。他们周密打点孩子的每个生活细节，却唯独没想到当他们乘飞机远去时，孩子内心有多失落，生活将出现怎样巨大的缺陷。

小孩都十分重感情，对父母的依恋之情深如海洋。我女儿圆圆上幼儿园和小学时，我出差比较多。每次准备走的时候，我都能感觉出她是多么不舍。有一次我又收拾出差带的东西，圆圆在旁边围着我转，献殷勤的样子，她突然说了一句："妈妈，你还没走呢，我就开始想你了。"没有似海的深情，说不出这样的话。

想象一个小孩子，如果父母突然大段时间地从他生活中撤出，这会让他多么悲伤！很多人并不能真正理解孩子的心，认为反正小孩子是爱哭的，离开爸爸妈妈，哭几天就没事了，习惯了就好了。大多数孩子确实是哭几天就不哭了，但这并不表明他们的感情已从挫伤中康复，心里也许要哭几个月、几年，甚至一辈子。

父母是否愿意和自己的孩子相处，在孩子的生活中扮演主角、配角，还是客串，这在当下只是形式和数量上的差异，最终却是一个孩子生命质量的差异。

爱，首先是为了在一起。

苏联教育家苏霍姆林斯基说过一句话："母爱不应建立在抽象的理性认识上，应建立在情感基础之上。"对父母来说，在一切养儿育女的目的中，没有比和孩子在一起本身更重要的目的！一切因出于功利的或"教育"的目标牺牲和孩子相处的行为都是得不偿失的。

母乳喂养如何才能成功？

如果母亲对亲自哺乳这件事毫不怀疑，有信心，并且乐观地坚持，母乳喂养基本上都可以成功。

我女儿圆圆出生后的前一周，我奶水很少，小家伙真是使出吃奶的力气，也吸不出来多少。吸一会儿，要么累得睡着了，要么因为没吃饱而大哭。

我很着急，担心饿着她，就想到要给她加喂牛奶。我母亲淡定从容地对我说，每个孩子都是自带口粮来的，哪个当妈的能没有奶？一口牛奶都不要加，你就让孩子多吃，奶水越吃越多。

在母亲的鼓励下，我坚持不加牛奶，女儿一哭就哺乳，不看时间，随时随地喂，能吃几口吃几口。

由于喂奶次数多，且小家伙吸吮用力，我的乳头很快就破了，每次喂奶都痛得钻心，深深地体会到什么叫"揭疮疤"。尽管这样，我还是咬牙坚持住了。

同时，我自己每天多喝水喝汤，保证供给充足。事实果然如母亲说的那样，奶水越来越多，大约半个月后就很多了，简直像喷泉，多到圆圆都来不及从容吞咽，每次吃奶都上气不接下气的，喉间发出很响的换气声。

现在想来，我的母亲不但是个经验丰富的育儿专家，深谙"奶水越吃越多"这个生物进化论中用进废退的原理；同时还是个哲学家，她的"每个孩子都是自带口粮来的"让我坚信，上帝给我一个孩子，就一定赠予了我一份奶水，我既不需要怀疑这一点，也不能用任何理由剥夺女儿自己带来的最好口粮。

最不济的母乳也强过最好的牛奶。母乳是奢侈品，优质牛奶最多是合格品，劣质牛奶就是危险品。

现在很多妈妈都奶水不足，用奶粉喂养孩子成了常态，奶粉市场极为繁荣，"给孩子赚奶粉钱"也成为很多年轻爸爸表示要努力工作的口头禅。但近年来，不断曝光出的婴儿奶粉事件使得大家对这个市场产生了严重的不信任，甚至一些大家信赖的名牌奶粉和进口奶粉也被曝出问题。

为了给孩子买到好奶粉，人们在全球搜索，想尽办法，哪怕跨越千山万水，花再多的钱，也在所不惜。但人们却忽略了一个重要事实，最好的奶水就在家里，就在母亲身上。

孩子刚出生，妈妈的奶水需要慢慢下来，慢慢多起来，这是自然现象，只需要略微等一下就可以。但人们太着急了，轻易地就断定妈妈没有奶，马上加奶粉。小婴儿对于牛奶和母乳没有辨别能力，哪个容易吸吮他就选择哪个。很多小婴儿吃过几次奶瓶后就拒绝含妈妈的乳头，因为吸吮乳头太费力气了。这样就更加降低了母亲的奶水分泌量和哺乳自信。

吃母乳还是吃奶粉，这不单是营养方面的差异，也是儿童内心安全感的差异。孩子在妈妈怀里，小嘴吸吮着母乳，这是母子间最自然最原始的亲情交流。一股自母亲胸膛流出的奶水，像一条美丽的丝带，日复一日编织着亲密的母子关系，把孩子和妈妈紧紧联系到一起，这个价值又如何估量呢？

在哺乳这件事上，另有一个误区是"定时喂奶"。

一些专家抛出定时喂奶的概念，理由是尽早培养孩子良好的生活习惯。于是一些妈妈宁可焦急地盯着钟表熬时间，也不肯马上去哺喂饿得哇哇大哭的孩子。

婴儿的世界本来就是混沌的，需要在较长的时间里慢慢清明，慢慢建立规律。成人如果急于把某些标准套到孩子身上，急着培养好习惯，并把培养理解成改造孩子，就是在做一件非常不自然的事。

国际母乳协会有一句著名格言"看孩子，别看钟"。再小的婴儿都不是机器人，母爱的直觉可以胜过任何教科书。"母亲不需要计算自己给孩子喂奶的次数，就像她不需要计算亲吻孩子的次数一样。"[1]

第三点就是不听信任何反自然的说法，不管这个说法有什么来头。

围绕孩子的伪概念现在特别多，其原因可能是孩子太幼小，无力进行自我陈述，这给一些人留出制造伪概念的余地。父母亲要有意识地依循天性去做事，防止被一些商业噱头糊弄，被一些伪概念带进沟里。

有一位曾到国外留过学的妈妈，她的第一个孩子是儿子。她怀孕期间从书上读到"恋母情结"这个词，忧心忡忡，就决定不让孩子直接吸吮她的奶头，从月子里开始，天天定时把奶水挤出来，存放到冰箱中，然后用微波炉加热，奶瓶喂孩子。两年后小女儿出生，为了上班和断奶方便，同样采用挤出、冷藏、奶瓶喂的办法。她的两个孩子没有经历断奶的困扰，以至于她觉得这真是个好办法，到处推荐。但两个孩子的身

---

1 转引自小巫，《让孩子做主》，民主与建设出版社，2008 年 8 月第 2 版，102—103 页。

体都有些问题，都是从婴儿期罹患湿疹，越来越严重，浑身上下几乎体无完肤。家族中没有这样的遗传病，医生也搞不清楚病因，只说湿疹病因很复杂。

疾病反映了孩子免疫功能的低下，这是否和她反自然的哺乳方式有关？即使病况和哺喂方式完全无关，经过吸奶器、冰箱、微波炉、奶瓶这样一趟长征的奶水，质量肯定不如乳房中直接流出来的。奶水的质量被打折，从没含过妈妈的乳头也是孩子的遗憾。而一个母亲如果没有亲自感受过一张小嘴在乳头上吸吮，又如何能完整地领略生儿育女的幸福呢？

还有一些母亲不愿意给孩子哺乳，可能是潜意识中害怕自己体形发生变化，或嫌麻烦。事实是，很多证据或研究都支持哺乳更有利于恢复体形。我认识一位著名演员，她不但坚持母乳喂养，而且拒绝为任何奶粉做代言，给多少钱都不做。她的行为让人敬重，她的身材和美貌也没因为亲自哺乳变差。哺乳母亲的体形会不会变化，是否仍旧美貌，不是哺乳本身决定的，而是她的生活习惯和个体差异决定的。做母亲的如果能把兴趣点放在"妈妈"这个原始角色上，而不是力图追求自己的社会优越感，就更容易做得贴近自然。

自然法则是简单的、美的，也是庄严的，一切对自然法则的违逆，都有可能带来不必要的麻烦，甚至是惩罚。

现代科技的发展使人越来越远离自然，对童年越来越生疏，所以家长们在养育孩子时，要尽量回归自然，减少对技术和产品的过度依赖，以免给孩子的发育、发展带来不必要的干扰。

关于母乳喂养，最后再说一下断奶和添加辅食的时间问题。

关于何时加辅食，"自然"其实早已给出了答案：什么时候长牙什么时候加。

孩子一般六个月大开始长第一颗牙，这是自然在告诉父母，小家伙开始具备咀嚼功能了，应该添加辅食了。此后，牙齿不停地长出来，这意味着辅食量及品种应该不停地增加。到两岁半左右乳牙全部长齐，那就是自然在宣布：现在，孩子在咀嚼和消化方面已基本成熟，大人吃什么，就可以给他吃什么了。

断奶的时间应该和添加辅食的时间相辅相成，哺乳量和哺乳次数逐渐减少，自然断奶最好，尽量不要生硬断掉。关于如何断奶的问题，另一篇文章有陈述。

不要让孩子罹患"皮肤饥饿症"

孩子的肉体需要家长关怀，情绪更需要呵护。只关注孩子的日常饮食起居，不关心他的心理需求，这是很多家长所犯的一个错误。

我国一些少数民族地区的妇女因为劳动的需要，经常把孩子背在身后的筐中或用绑带绑在身上，孩子的双腿大部分时间是受束缚的，无法活动，但这些孩子到一岁半左右时，能很自然地像全世界所有的儿童一样学会走路。

而孤儿院的孩子，他们不会被人为限制活动，双腿自由，但平均学会走路的时间却比正常孩子晚一到两年。从身体到心理，整体发育迟缓。

两种情况的差别在于，妈妈背上的孩子，能和妈妈说话，感觉妈妈的气息，回家后吃妈妈的奶水或妈妈做的饭，晚上有妈妈陪着睡觉，在爱和安全感方面没有匮乏。而孤儿院中的孩子，一般情况下都缺少语言交流，缺少母爱，大部分人在智力、情感和身体几个方面都表现得低于常人。

孩子刚出生时只是个"小动物"，是个纯粹的自然人；要成长为一个正常的社会人，首先要获得温饱、爱和亲情等这些方面的满足，然后才能发展出更高一级的自律、合作、利他等社会意识和能力。宛如一粒种子必须依生根、发芽、开花、结果的顺序渐次展开一样。任何一个环节出问题，都会形成后面环节的障碍。

当下有一种"科学至上"的思维，持有这种思维的人被戏称为"科学教教徒"。他们只相信感官和大脑能识别的客观，只重视数据，不相信主观和意识。这种思维体现在育儿方面，就是很多家长把孩子当机器人来养，标准化、刻板地对待孩子，在养育孩子时只注意外部事宜，如物质配置、生理指标、作息标准、饮食配比等，却忽视孩子的个性化需求和内在情感需求。

我见过一位妈妈，她生孩子后就做了全职太太，为的是能好好照顾孩子。她看了很多科学育儿的书，掌握了很齐备的关于孩子吃喝拉撒睡的知识。从孩子吃奶就严格按作息时间来，到孩子开始吃辅食，她更会精心地为孩子准备每天的饭食。因为做得精细，每天需要花费不少时间。在做饭的这个时间里，经常任由孩子在围栏里哭得声嘶力竭，也不去抱抱孩子。到孩子能在学步车里到处走动，追到厨房要妈妈抱抱，妈妈往往正忙着在灶台上操作，要么不理孩子，要么一脚把学步车踹出厨房门。结果是，到色香味俱全的饭菜端到孩子面前时，孩子往往哭得没了胃口，不肯好好吃，妈妈又花好多时间，软硬兼施，想方设法哄孩子吃下去。孩子如果吃不够标准，妈妈就觉得有挫败感，很崩溃。

完全可以预见的是，这位妈妈越往后会越崩溃，越有挫败感。她所花的心思和孩子的成长状态将不成正比。

孩子的肉体需要家长关怀，情绪更需要呵护。只关注孩子的日常饮食起居，不关心他的心理需求，这是很多家长所犯的一个错误。

做父母不能只注意孩子肚子饱没饱，还要注意他皮肤饿不饿。要尽可能多地和孩子相处，在相处中多抱抱孩子，多抚摸孩子，避免孩子产生"皮肤饥饿"现象。

"皮肤饥饿"是一个心理学专用词，是"情感匮乏"的一个象征性的说法。防止这种问题的发生，就是要父母在孩子小时候多和孩子接触，尤其婴儿期，一定要亲自看护孩子，多抱孩子。抚摸他，和他说话，亲自给他喂奶，陪他睡觉。全面地让小婴儿通过父母的体温、声音感受到爱的包围。

父母的怀抱是孩子情感发育的沃土、智力发育的清泉，也是肌体发育的营养品。家庭的温暖，尤其母爱，是一个儿童获得爱与安全感的必备条件；也是他长大成人后能够正常发展自己，和他人建立正常人际关系的基础。

婴幼儿期没有皮肤饥饿感的孩子，不仅儿童期不会表现出皮肤饥饿症，成年后也不容易发生此类症状，在各种关系，尤其是两性关系中，会更自在、更自信。

当然，并不是父母亲自己带孩子，孩子就一定能得到好的情感启蒙。从另一个角度说，**教育的本质不是由谁来做，而是怎么做。**

我收到过一位妈妈的来信，她说自己很爱看书，也知道隔代教养的弊端，有了孩子后，就辞职回家，做全职妈妈。但她并没有意识到母子间早期语言交流对孩子的重要性。孩子八九个月时，她发现电视上不停变换的画面能吸引孩子，孩子看电视时不哭不闹，坐在婴儿车中很安静。她觉得把孩子放在电视机前真是照看孩子的好办法，既有漂亮画面和标准语言对孩子进行启蒙教育，又省却了自己体力上的消耗，孩子看电视时，自己还可以安静地看书，真是一举几得。所以孩子只要醒着，大部分时间都是在电视机前度过，她忙于自己看书以及做家务、给孩子做饭等事，很少跟孩子说话，也很少抱孩子。孩子两岁半以后，她才发现情况不妙，孩子能背出天气预报中所有的地名，也能准确背出许多广告词，却不会交流，几乎不和人进行目光接触，对一切都很冷漠，被诊断为"自闭症"。

美国电视机大普及时代到来后，紧接着出现"自闭症"大流行，究其原因，电视保姆"功不可没"。电视虽然也"说话"，也有一定的知识内容，且能让孩子安静地坐着，但它跟孩子之间不存在语言互动，孩子只是被动接受，没有任何交流。

电视也没有体温，不会向孩子传达任何感情。所以电视机前长大的孩子智力不会太出色，心理也容易出问题。

苏联教育家苏霍姆林斯基曾对几千个家庭进行了研究，他发现，儿童的智力发展和母亲对孩子的早期教育有巨大的依存关系。尤其在三岁前，如果母亲和孩子交流得少，交流内容简单，孩子是在情感和智力活动都比较贫乏的状态中长大，那么孩子的智商就会偏低，行为也容易出现偏差。[1]

既然选择要孩子，就要对这个孩子负责。

现代生活中，家长们确实很忙，工作及路上需要消耗很多时间。对孩子负责，并非意味着父母双方必须有一方放弃工作，回家做全职妈妈或全职爸爸。这倒没什么必要。只需要父母亲在孩子婴幼期多用心，辛苦一些，尽量在下班后、周末亲自带孩子，多抱抱孩子，和孩子一起玩耍，晚上陪着孩子一起睡觉，而不是把这些都交给老人或保姆。

亲子间的游戏、打闹、依偎等愉快的互动，看似没什么用，其实是家庭教育中非常重要的部分，对孩子的成长意义非凡。

1　[苏] 苏霍姆林斯基，《给教师的建议》，杜殿坤译，教育科学出版社，1984 年 6 月第 2 版，501—502 页。

多抱孩子，少用婴儿车

童车是好帮手，确实能带来方便，适度使用童车有必要，尤其独自带孩子外出或赶路时。但不要过度使用，不要一带孩子出门就推婴儿车，并且一推出来就一直让孩子在车里待着。使用太多，童车会变成一道栅栏，影响大人和孩子间的交流。

经常在公园或其他地方看到父母用婴儿车推着孩子散步，有时还跟着爷爷奶奶，在怡人的环境中一家人有说有笑，真是温馨的画面。但如果你仔细观察婴儿车里孩子的表情，会发现他们多半神情索然，郁郁寡欢。

孩子的状态并不令人意外，把我们置换到孩子的角度来感觉一下，刚刚一两岁的小人儿，既不懂得欣赏美景，也听不懂别人的话，离父母又有这样一段距离。没有交流，没有肢体接触，这样的天伦之乐于这小小的人儿来说，有什么可乐的呢？

更有甚者，再好的天气也要把童车的遮阳篷拉开，孩子不但孤零零地坐在车里，视线也被限制。我好多次看见童车里的孩子努力向前探着身子，想要看看外面。尤其是阳光明媚的春天，人们出来欣赏缤纷的春色，推童车的人也会在桃花杏花前驻足、拍照，却并不理会孩子，不把孩子头上的遮阳篷打开。

家长们这样做，有的可能是怕小孩子晒黑，有的只是无意识，无论什么原因，都没有考虑孩子的需求。

另外，过度使用童车，也影响孩子的四肢发育和运动习惯。经常在童车中待着的孩子，会对童车产生依赖，越大越懒于使用自己的腿脚去走路，也不习惯于追跑跳跃。我们在公园里或大街上会不时看到五六岁的孩子还在用童车，而这个年龄正应该是活蹦乱跳满地跑的时候。

抱孩子确实有点累，但家长一定要珍惜怀抱孩子的机会，尽可能多地让孩子感受你的体温，方便和你交流。买个背带或腰凳，把孩子挂在胸前，体力劳累就减轻不少，双手也可以适当空出来，省力又方便。这于家长其实也是好事，正好可以顺带锻炼身体。

我在孩子出生前体力十分弱，真是手无缚鸡之力，还非常畏寒，医生建议我多运动，但我一直懒得动弹。女儿出生后，我几乎没用过童车，那时候也没有背带、腰凳这些东西。我把这个几斤的小婴儿一直抱到十几斤。我的双臂不知不觉中变得有劲，畏寒的毛病也不知什么时候消失了，身体状态变得越来越好。到女儿上小学，我还经常抱起她来，当然这时候纯粹是为了玩，女儿并不乐意我抱她时间太长，经常是抱不到一两分钟，她就跑开了。

孩子长得非常快，完全依赖父母抱着的时间也就一年多。到会走路了，更要把孩子从童车里释放出来。拉着孩子的小手，让他走一走不同的路，摸摸地上的土或砖，捡颗小石子或小树棍，拔一根草，晃晃路灯杆……同样是出去溜达，走同样的路线，孩子感知的东西会完全不一样。

有些人担心抱孩子太多会把孩子"惯坏了"，这种担心没有来由。拥抱本身不会惯坏孩子，经常得不到父母拥抱的孩子才会有问题。有过"皮肤饥饿"经历的孩子，长大后会有深刻的不安全感。

孩子不仅需要父母心中的爱，也需要你实实在在的体温。童车只是个微型托管所，父母的怀抱则是一个温暖的乐园。孩子几年间就长大了，作为父母，记忆中有许多怀抱孩子的印象，是多么好的一件事！

孩子说话晚或发音不清楚怎么办？

　　因为幼儿说话问题，导致父母焦虑并且带着孩子进入医院的情况越来越多，这是错误的。

　　首先要明确的是，只要孩子听力正常，就不用担心他的说话问题。孩子什么时候开口说话，话多还是话少，表达得流畅不流畅，这些都不是问题，仅仅是儿童的个体差异。

　　比如有的孩子两岁就能讲出完整的句子，有的孩子已经五岁了，却只能零星地说些单词，这两种情况都正常。就像有的孩子十二岁就长得非常高，有的孩子十六岁才开始蹿个子一样。而且早期的这些差异和他们长大后的状态、表达能力等并没有必然的联系。民间有句俗语叫"贵人语迟"，虽然我们不能理解为说话晚就是贵人，但至少应该相信自古以来说话晚就不是问题。

　　其次，初学说话的孩子一般都口齿不清楚，尤其发不了舌尖音，比如把"河流"说成"河牛"，这非常正常。家长不要在意，随着孩子慢慢长大，这个问题自然会消失。这犹如刚学走路总是跌跌撞撞的，无须对孩子进行任何训练，随着时间推移，他自然就走稳当了。如果家长把这种正常现象看作是不正常，着急去训练孩子，很有可能会阻碍孩子的语言发育，反而制造出新问题。

有位家长为了让刚刚一岁半的孩子口齿清楚，天天用小饭勺调整孩子的舌头，训练孩子发音，本来已经会说话的孩子突然不再开口说话。孩子的异常表现把她吓坏了，以为孩子突然得了"自闭症"，幸亏孩子奶奶凭感觉断定是小饭勺惹的祸，及时阻止了她的训练，并坚持不让她带孩子去医院看心理医生，也不让她在说话上再和孩子纠缠，过了近一年，孩子才慢慢恢复到能正常说话。

还有一位妈妈，她儿子三岁，说话吐字虽不太清晰，但是很流利，妈妈一直没觉得孩子说话有什么问题。可有一天，家里来了个亲戚，说孩子口齿不清楚，原因是觉得孩子说话太快，要孩子慢慢地、一个字一个字地说，还做了示范，并不停地纠正孩子。结果第二天，孩子就一个字一个字说话，说得很慢，脸上有紧张的神情，而且还有点结巴。妈妈急了，说怎么结巴了，慢慢说，不要急。这下孩子更紧张了，更是一个字一个字地往外蹦着说，结巴得更严重！妈妈意识到了问题，却碍于亲戚的面子，不好说什么，直到亲戚走后，妈妈才告诉孩子可以像以前那样说话，没问题。但孩子却不能马上改回来，说话一下变得很少，只要开口，总是慢吞吞的，还是有些结巴。妈妈吓得再不敢提如何说话的事，过了好久，孩子才克服了结巴的问题，但说话流畅程度大不如以前。也幸亏这位妈妈有较强的反省能力，及时发现问题，再不在说话问题上改造孩子，否则后果会更严重。

这位亲戚虽是好心，却纯属没事找事，这样的"热心人"可能每个人都会遇到，我自己也曾遇到过。

我女儿圆圆三岁时，有一天我带她去我工作单位。一位孩子已上中学的同事听到圆圆不会发舌尖音，比如把"六十六"说成"拗希拗"，显得很吃惊，郑重其事地建议我带孩子去医院看看，是不是口腔构造有问题。我不知她的孩子三岁时说话有多清晰，但我知道圆圆肯定没问题，作为母亲我了解自己的孩子，甚至有些喜欢圆圆那种发音的样子，感觉她非常可爱，对同事的建议一笑了之。

不记得圆圆什么时间不再把"六"说成"拗"，就像我不记得她哪天从一个胖嘟嘟的幼儿长成一个四肢修长的少女一样。

中国传统文化讲"道法自然"，这是一个普世法则。在养儿育女的问题上，更要遵循自然法则。即尊重孩子的与众不同，尊重孩子与孩子间的种种差异，不轻易用人力来控制和干涉。

圆圆幼儿期的玩伴之一婷婷，比圆圆大一岁，开口说话却比圆圆晚一年。她妈妈当时略有些着急，但因为婷婷听力完全正常，也不是不会说话，只是说得很少，偶尔说几个单词，她妈妈就没太管这事。也幸亏那时候没有那么多医疗信息来吓人，他们也没有为此事去过医院。结果是婷婷仅仅比一般孩子晚两年说话，各方面发育得都非常好，最后考上了清华大学，然后读到了博士。

儿童成长是件自然而然的事，离自然太远的人，会经常把孩子的一些正常现象看成是错误或疾病，做些反自然的事，致使孩子无端被伤害，生命无法正常进展。

当人们对童年越来越生疏时，儿童的正常表现就纷纷被看作"问题"，各种"训练"便应运而生了。统感训练、哭声免疫训练、排便训练、爬行训练、注意力训练、说话训练……家长的整体文化水平越来越高，养育儿童却越来越不自然，越来越粗野无知。有多少人在对孩子以爱的名义进行控制，以反自然的手段，扰乱孩子的正常发育，逼孩子退行。

我听说有一家人，嫌孩子吃饭太慢，担心孩子嚼不碎，就天天把所有的食物用搅碎机打成糊糊，灌到奶瓶里给孩子吃。结果孩子两岁多了，还不会咀嚼，什么东西放进嘴里，要么是含着不动，要么是整个儿吞咽下去。

很多连猴子都知道的事情，人却糊涂了。违背自然法则的事，有的能很快看到后果，容易被发现，容易中止；有的损害则十分隐蔽，几年甚至几十年才会显现。"约翰也许会因肾病而死，玛丽也许会死于癌症，但他们都不会去想，他们一生的贫乏、不快乐和被压抑的情感生活和他们的病有什么关系。总有一天，人类会把他们所有的痛苦、仇恨和疾病的根源，追溯到他们违反生命文化现象上。"[1] 仰面唾天，那口痰会落回到自己脸上——这就是反自然的结果。

爱因斯坦认为："自然界里和思维世界里有着庄严的和不可思议的秩序。几乎所有造诣深厚的科学家都对自然的和谐与规律发出感叹，并充满宗教般的崇敬和痴迷。"

自然是我们永恒的老师，它让我们变得单纯，缓解着我们的焦虑。

"一旦真正理解了自然界的力量，就必然会获得寄托着一切幸福的灵魂深处的安宁。"[2]

1 [英]A.S.尼尔,《夏山学校》,王克难译,南海出版公司,2010年5月第2版,80页。

2 [美]房龙,《宽容》,生活·读书·新知三联书店,1985年9月第1版,33页。

如何让孩子爱吃饭？

孩子最清楚自己想吃什么，该吃多少。大人不要管，他就能正常表达自己的饮食喜好，消化功能也会正常。家长如果在这方面经常忧心忡忡，不断干涉孩子，孩子的身心会失衡，吃饭问题就会真的变成问题——不仅影响身体健康，也影响心理健康。

孩子不爱吃饭在当下是许多家长非常头疼的问题之一，我见过不少为此忧心忡忡的家长，他们为了孩子吃饭真是费尽了心思，用尽了各种方法。

圆圆一岁八个月因为肺炎住院时，同病房里有一个三岁的小男孩总是不好好吃饭，一小碗饭得吃一个多小时，几乎每一口都要费一番周折才能吃进去。他妈妈、爸爸和奶奶每天为孩子吃饭用尽了招数，连哄带骗，软硬兼施，一会儿承诺给他买什么东西，一会儿夸他多么好，一会儿又大声训斥要求他必须张开嘴，整个过程让人看着都痛苦。

孩子在这个过程中想着法地折腾人，以便延缓家长对他的逼迫。比如，他先要妈妈喂饭，让爸爸和奶奶出去，站到门外。妈妈刚喂两口，又要妈妈出去，要爸爸进来喂。一顿饭就这样让三个大人走马灯似的不停地出出进进。他每顿饭都在不停地提条件，不断创新着折腾人的方法。把家人折腾完后，看到别的小朋友玩某个玩具，就要求马上给他也买那个玩具，否则就不吃饭，第二天买都不行。他的父母就向别的小朋友借玩具，可每个玩具拿到手上一小会儿他就厌倦了，就要换新的，他父母就不停地向别的小朋友借玩具。有的小朋友不愿意出让玩具，小男孩就变本加厉地以不吃饭来要挟父母，他的父母只好厚着脸皮给别的小朋友做思想工作，想办法满足自己的孩子，为此常常把别的小朋友惹哭。而小男孩拿到父母讨来的玩具，不得不张嘴吃饭时，宛如对手中的玩具有仇，趁大人不提防，会扔到地上。等我们这个病室里的玩具都玩过一遍后，他父母就开始到隔壁儿童病房给他找玩具，又惹得别的房间的孩子大哭。

我终于忍不住对孩子的妈妈说，孩子生病期间胃口不好，不想吃饭是正常的，大人不也这样吗？强求孩子吃饭可能对他反而不好，顺其自然比较好。

这位妈妈不爱听，反驳说，孩子平时就不好好吃饭，正是因为不好好吃饭，身体素质差，才经常生病。现在生了病，想恢复就得吃饭啊，要不哪儿来的抵抗力呢。

她的儿子看起来确实面黄肌瘦的。我忧心忡忡地想，他们一直这样做下去，孩子不但胃口好不起来，心理恐怕也要被损坏了。

吃是人的一种天性，怎么可能需要费那么大力气去让孩子张嘴呢？

我国二十世纪五六十年代，包括七十年代出生的孩子，哪里听说有不好好吃饭的？那个时候家里孩子多，哪个孩子需要追着喂饭？只要有吃的，哪个孩子被饿着了？八十年代以来，特别是九十年代以后，生活越来越好，为什么孩子们反而会不约而同地厌食？

美国著名儿科医生、心理学家本杰明·斯巴克先生对这一问题阐述得非常清楚，他说："为什么有那么多孩子吃不下东西？主要原因是喜欢催逼孩子吃饭的父母也不少。"[1]——这句话把事情解释得很清楚，孩子不喜欢吃饭的主要原因是家长太在意孩子的吃饭，在这个问题上执念太深了。孩子的正常食欲被当下物质和时间都充裕的大人好心地破坏了。

不是现在出生的孩子天性变了，是父母都有精力来做违反天性的事了。

斯巴克先生认为："每个儿童生来就有一套自行调节进食数量和种类、满足正常生长发育需要的精妙的生理机制。"[2]

孩子最清楚自己想吃什么，该吃多少。大人不要管，他就能正常表达自己的饮食喜好，消化功能也会正常。家长如果在这方面经常忧心忡忡，不断干涉孩子，孩子的身心会失衡，吃饭问题就会真的变成问题——不仅影响身体健康，也影响心理健康。

"儿童有一种被逼急了就要顶牛的本能。吃什么要是吃得不高兴，下次见了就讨厌……催逼儿童吃饭是无益的，反而会进一步败坏食欲，使之长期得不到复原。"[3]

如同在学习问题上我对那些干涉过多的家长说"不要管孩子"，往往

1　[美]本杰明·斯巴克、米歇尔·罗森伯格，《新育儿百科全书》，翟宏彪译，中国建设出版社，1989年第1版，426页。

2　[美]本杰明·斯巴克、米歇尔·罗森伯格，《新育儿百科全书》，翟宏彪译，中国建设出版社，1989年第1版，429页。

3　[美]本杰明·斯巴克、米歇尔·罗森伯格，《新育儿百科全书》，翟宏彪译，中国建设出版社，1989年第1版，427页。

会遭到这些家长的反感一样，在吃饭的问题上对那些斤斤计较的父母说"不要管"，同样也会遭到对方的白眼——"不管"在许多父母那里真是件非常难以做到的事，原因在于他们不认为自己的"管"是多余的、破坏性的，也不相信这叫"干涉"，他们坚信这叫关心和指导，如果有人让他不要"管"孩子，就如同让他放弃做家长的责任和权利一样难以接受。可事实是，如同在学习问题上越"管"越坏一样，"在吃饭的问题上同孩子斗狠比犟，父母没有不败的"。[1]

我曾在一所小学做管理工作，见到一个五年级小男孩，他奶奶是某农业科学院的食品研究专家，在行业里很有名气。后来有一次和男孩的妈妈聊天，听她说她家每天晚上都做八个菜一个汤，每周的菜谱都是孩子的奶奶精心制定的，主要是根据孩子的发育来考虑，而保姆烧菜的手艺也不错。我们可以想象这种家庭条件下培养出的孩子，他的身体应该是健康出众的。

但令人奇怪的是这个孩子和同学们比，长得又瘦又小，像个缺吃少喝的小难民；而且性情古怪，脾气暴躁，学习成绩也不太好。他妈妈说起孩子就愁得要命。

通过和她聊天，我了解到她家庭中一些生活细节后，觉得真是"成也萧何，败也萧何"。

他们用心地把菜谱制定得非常科学，生活中对孩子也照顾得无微不至。每天除了吃什么有规定，哪样东西吃够多少也有规定。孩子吃不到制定的标准，家长就不肯罢休，一定要想办法让孩子完成"任务"。

他们的方法如果用于生产一架机器或培育一株玉米，肯定会成功，

---

1 [美]本杰明·斯巴克、米歇尔·罗森伯格，《新育儿百科全书》，翟宏彪译，中国建设出版社，1989年第1版，429页。

可惜他们面对的是一个有独立意识的孩子。

当我试图劝这位妈妈在孩子的吃饭问题上不要过分追求"标准化操作"、不要在饭桌上逼迫孩子时，当妈的立即摇头说，孩子太会耍花招，他曾信誓旦旦地说如果家长不再在吃饭的事上唠叨教训他，他就好好吃。家长信了，不再说什么，结果他一筷子只夹一根菜，一根菜放嘴里嚼半天，一顿饭下来，其实只吃了很少的一点，惹得家长忍不住又教训他。说到这里，这位家长突然愤愤地说："我们现在都不管他了。"

可从她接下来的话我才听明白，所谓"不管"，只是换了管制方式，残酷性丝毫不减。他们现在每顿饭都给孩子单独盛出一大碗，不管他吃多长时间，都必须吃完——妈妈觉得自己已做得很够意思，不再像以前那样总因为吃饭在饭桌上和孩子发生冲突了。但令她气愤的是，孩子居然有时能把这碗饭从傍晚一直吃到上床睡觉时。

我还是想劝说这位家长，让她替孩子着想一下，体会一下自己不想吃饭别人硬塞的感觉，建议她不要那样和孩子天天顶牛，允许孩子少吃一些。这位家长立即反驳说，他是个男孩子，个子长不高怎么办，全家人为这个着急死了，不多吃些怎么能长个子呢！

我能理解她的着急，就不死心地想让她明白，孩子的情绪和进食有很大关系，只有先解决孩子的厌食问题，才能解决进食问题，而厌食的根源就是家长对孩子的吃饭太斤斤计较了。

这位妈妈对我的话没有兴趣，在言语间表示我不懂得食品营养，不知道一个长身体的孩子每天需要哪些营养、必须达到多少量。她认为她婆婆在这方面比谁都懂，觉得不需要别人指点。

在这样的家长面前，我无计可施了。

有一天，我在学校午餐时观察了一下男孩。他的饭盒里东西很少，整个午餐时间他只是做样子，用勺子扒拉几下饭，但没有一口送进嘴里。到别的同学吃饭结束后，他把所有的饭倒进垃圾桶，走出食堂。他班主任说这个孩子几乎天天这样，从不吃学校的饭。以前向他的家长反映过，家长就要求老师盯着他吃饭，并流露出对老师的责怪，说老师对孩子吃饭不负责任，所以现在老师也不再对他家长讲这回事了。

看着那孩子瘦小的身体、目光里的飘忽不定和不时流露的敌意，我心里有说不出的遗憾。家长对孩子充满了期望，不仅希望他学习成绩好，将来能上名牌大学；也希望他心理健康，能生活得幸福；同时还希望他身体健康，长得高高大大，外表出众。可单是吃饭这一件事，如果弄不对，对方方面面就不知有多大的破坏。从吃饭这件事再猜测这个孩子的家长在另一些事上的做法，恐怕也是刻板而缺少对孩子理解的——如果那样的话，他们的许多希望，恐怕都要竹篮打水一场空了。

如何让孩子有正常的食欲？非常简单，就四个字：顺其自然。

家长在孩子的吃饭问题上不强迫不焦虑，没有任何纠结，只需要认真给孩子做饭，注意营养搭配，把应该给孩子吃的东西拿上桌子，这就够了。

在饭桌上没有标准，不训斥孩子，孩子每顿饭喜欢吃哪些不吃哪些、吃多或是吃少，都只是他自己的事。允许孩子某一天胃口大开，什么都可以吃得足足的，也允许孩子某段时间什么都不爱吃。一直这样，孩子就不会出现厌食或暴食的情况，不会长得太瘦或太胖。

如果孩子已出现了厌食症状，斯巴克先生在这方面给出了一些很好的具体指导，归纳他的指导，有如下内容：

第一，家长改变态度。在孩子的吃饭问题上态度平和，吃多了不表扬，吃少了不批评，这个问题上始终平和愉快，让孩子不再因为吃饭的问题而感觉有压力。孩子拿起饭碗时心理上轻松，才有可能产生正常食欲。

第二，如果孩子已出现了厌食症状，就不要指望他半月二十天就能恢复。家长要有耐心，这份耐心不是来自你强压焦虑的暂时的镇静，而应该来自你正确认识后彻底的坦然。孩子的恢复需要很长时间，几个月甚至几年。在这个过程中，如果父母只是由明处强迫变成躲在暗处盯梢，到一定时间终于忍不住又去唠叨孩子，那么一切都将前功尽弃。

第三，不要在各种食物间画杠杠，不能说这个有营养要多吃，那个没营养要少吃。有没有营养要靠家长在做饭时调节。拿上桌的食品就要允许孩子自己选择。孩子不喜欢吃的食品不可以用条件来威逼，比如不要对爱吃肉而不爱吃菜的孩子说"如果不把菜吃了，就不给你吃肉"，这样的话只能让他更讨厌吃菜。不妨把话反过来说，"必须吃完肉才给你吃菜"，这样倒可能刺激他对菜的兴趣。

第四，让孩子自己吃饭，不要喂。孩子从一岁半左右就可以自己吃饭，父母不要把辛苦用在给孩子喂饭上，只需用在收拾被孩子弄下的"烂摊子"上就可以了。经常喂饭会影响孩子的食欲，而且影响儿童手部技能和肢体技能的发育。有的三四岁的孩子养成了坏习惯，家长不喂他就不吃，喂就吃几口。这种情况要立即改变，告诉孩子以后自己吃饭。如果他不肯，就饿几顿，肯定饿不着，坏毛病几天就改了。

第五，不要和孩子在吃饭的问题上谈条件。比如有的家长总喜欢说你要是好好吃饭，我就给你买玩具或带你出去玩，这一类的话都会对孩子吃饭造成消极影响，而且教会他用无理要求来要挟父母。

有一次，我看到某电视台一档育儿节目，谈孩子不吃饭怎么办的问题。

节目中的小男孩大约五六岁，家长特别希望孩子将来长得高高的，所以非常在意孩子的吃饭问题，可孩子就是不好好吃饭，爷爷奶奶、爸爸妈妈为此都很发愁，专门通过参加节目来向专家寻求帮助。

节目请来的专家是某大学一位教授，教授给出了一个"玻璃球治疗法"。就是准备一个罐子和二十颗玻璃球，罐里先放十颗玻璃球，孩子哪天吃得好就加一颗，不好就减一颗。当时孩子急于去买一张《奥特曼》光盘，但必须瓶里攒够二十颗才可以去买。

电视台把这当作好方法呈现给观众——可这是个典型的"馊主意"，是一种畸形的诱惑——它让孩子把吃饭当成一种功利行为，教孩子拿吃饭和家长讨价还价。节目没交代操作后效果如何，但我可以断定，它最多只有一个短期"效果"，即延续到《奥特曼》买回家。接下来家长当然可以再利用孩子的新需求，向孩子提出吃饭要求。但孩子没有那么大毅力，他不会坚持的，他会很快厌倦和家长玩这种"游戏"。

这个方法，不仅不会从根本上改变孩子的厌食问题，反而让孩子在以后玻璃球总是难以攒够的挫败中，更加痛恨吃饭这个事。

这里还要提醒的是，有的家长在饭桌上并不逼迫孩子，但经常有不良语言暗示，也会导致孩子厌食或偏食。

我的一个朋友，她在孩子很小的时候，就总是一脸焦虑地当着孩子的面向别人抱怨说孩子不好好吃饭。我多次提醒她不要这样说，即使想说，也要背着孩子，别让孩子听到了。但她一直不在意，或者是形成了习惯，总不自觉地当着孩子的面唠叨孩子不爱吃饭这类话。她的孩子现在已十多岁了，胃口一直不好，个头比同龄孩子矮不少。

孩子有饮食偏好是正常的，我们要尊重他天生的偏好，但也要注意来自家长的影响，尤其注意不要给孩子某些负面影响。我的一个闺蜜说，她儿子小时候原本是喜欢吃羊肉的，但她丈夫不喜欢吃羊肉。后来有两次家里做了羊肉，孩子正要吃时，爸爸看着孩子疑惑地说"那是羊肉！"言外之意是"你肯定自己会吃吗？"孩子在这种口气中捕捉到了父亲对羊肉的排斥，感觉到父亲的口气是说"那东西挺难吃的"，以后就再也不肯吃一口羊肉了。

所以当孩子表现出不爱吃饭或不爱吃某种东西时，你千万不要说出这件事，更不要因此教训他，也不要急于找替代品。就装作不知道，该让他吃什么，就把什么东西拿来，甚至要找机会故意用语言来暗示他很喜欢吃这个。比如当着不爱喝牛奶的孩子的面对别人说："我儿子什么都爱吃，不挑食，一口气可以喝下一大杯牛奶。"

圆圆五六岁时，我带她回姥姥家，她受我大哥的孩子、她的豆豆姐姐的影响，也变得不吃羊肉了。回到自己家后，我做了羊肉她不吃。我不管她，也没说什么，假装没注意这个问题，毫不在意地接下来该做羊肉继续做。我做了两次羊肉水饺，她吃之前总问是什么肉，我告诉她羊肉，她就不吃了。我给她另外弄点吃的，没说什么。

我知道她爱吃肉酱面，接下来我就用羊肉炒了肉酱。以前吃肉酱面从没用过羊肉，圆圆这次也就没问我什么肉，吃得很香。吃完后，我才装作对先生说，今天家里没有猪肉了，就用羊肉做肉酱，真好吃。圆圆听我这样说也许有些不愿意，可饭已经进肚里了，没办法，只好接受了。

我还买了半成品的烤羊肉串，回家来用微波炉烤得满屋飘香。她爸爸说，吃这么香的肉串，得喝口酒，我也说好长时间没吃肉串了，真香。圆圆经不起这诱惑，终于拿起肉串大吃起来。

有的孩子长期厌食，也可能和家庭气氛有关。家庭气氛是否轻松，父母关系是否和睦，兄弟姐妹相处是否愉快，也影响孩子的胃口。如果儿童感受到环境的压力，或受到其他消极情绪影响，也会出现厌食症状。做父母的应该在这些方面多留心，而不要单纯地在饮食上和孩子计较。

巧用"心理战"，治愈孩子便秘

　　婴幼儿期是儿童从心理到生理建立自我秩序的时期，不仅是大小便问题，其他方面也都是孩子建立自己身心秩序的关键时期。如果这个时期遇到错误的外力干扰，就容易出现某种障碍。生理会影响心理，心理也会影响生理。

现在便秘的孩子很多，这是不正常现象。

　　儿童阳气旺盛，便秘很少由于内脏功能羸弱所致。吃得太精细，跑跳类活动太少等不良生活习惯是重要原因。

　　更主要的原因是，孩子一直无法建立正常的排便条件反射，即大脑对排泄信号出现抑制反应，使排便这个生理需求无法被大脑识别，结果就是总没有便欲感。没有便欲感又会延长粪便在肠道的停留时间，导致大便干结，增加排便困难，使事情进入恶性循环。

　　痼疾的起源，往往不是因为家长没关心孩子大便这件事，恰相反，很可能是在这件事上太在意了，对孩子进行了太多的训练和不良暗示，对孩子内在的生理秩序形成扰乱，反而抑制了排便反射的正常形成。所以，虽然儿童便秘是个生理问题，如果想根治，则多半需要回到心理上，从根源上入手改善。

下面一个例子对这个问题的成因有很好的说明，也给出一种有效的解决办法，值得借鉴。

一个叫小雨的孩子，家人在她一岁半左右开始训练她定时大小便。一到钟点，小雨就被要求去坐便盆，孩子常常不愿意，家长软硬兼施把孩子摁到便盆上，或多或少，总要孩子撒点尿或拉点出来，才允许站起来。

过度训练阻碍了孩子的自我生理调适，也使孩子对大小便这件事很厌恶，小雨从不主动去坐便盆，能逃避就逃避，于是常常憋便，只要家长一疏忽，就拉、尿在裤子里。为此家长非常生气，以为这是训练得不够，更严格地训练孩子坐便盆。这样，孩子每天都有不少时间在便盆上度过。

可能是长时间坐便盆之故，她刚两岁就出现轻微脱肛现象，引起排便疼痛，这让排便这件事在孩子心中更恐惧，于是更经常性地憋便。憋便引起大便燥结，燥结使得排便更困难、更疼痛，也使孩子对这件事更恐惧、更没信心，便秘越来越严重，事情进入恶性循环。

便秘特别容易引起上火和感冒发烧，所以家长经常为孩子大便的事忧心忡忡。家长的焦虑传染给孩子，小小的人，也为这事心理负重，经常在排便不成功时，或因疼痛或因内疚而哭泣，好像自己犯了大错。偶尔哪一天顺利排便，就轻松高兴得宛如中了大奖。

找医生看过几次，医生总是开些泻药，吃了能管用，不吃就不行。但药不能经常吃，而小雨能够自主排便的情况越来越少，家长实在没办法，开始给孩子使用开塞露，使孩子在生理和心理上形成依赖。到四岁时，小雨已几乎不会自主大便，每隔三四天用一次开塞露。

小雨父母后来从媒体上看到一则消息，一位还不到四十岁的知名企业家因直肠癌英年早逝，这和企业家多年来一直有便秘的痼疾有关。他们惊出一身冷汗，意识到便秘是个很大的隐患，用开塞露治标不治本，情况只能越来越糟。

恰好这时遇到一位有经验的妈妈，给他们支了一招。虽然这位妈妈的建议初听起来令人有些担忧，有些刮骨疗毒的味道，但两害相权取其轻，他们认真思考过后，完全接纳了这位妈妈的建议，通过给孩子短暂用药，主要利用心理战，很快就化解了这个难题。

采用这位妈妈的办法，必先理解背后原理：便秘如同失眠，是生理和心理不良互动的后果。心理越紧张，对生理越抑制；生理越抑制，心理越有障碍。所以解决途径就在于建立生理和心理的良性互动。

关键在两点：首先消除孩子的心理障碍，建立排便自信，让孩子不再为这件事焦虑；其次是养成定时排便的习惯，建立稳定的生理反射。

具体操作办法如下：

家长瞒着小雨，去医院找医生开了适合儿童服用的泻药。晚饭后，把药碾成粉，掺到一种果汁里，不动声色地让小雨喝下去。药的剂量掌握在第二天早上小雨可以排便，又不至于腹泻的程度。第二天早上，小雨自主排便，孩子狂喜，家长也表现出惊喜，说："哦，妈妈查过书了，有的孩子的肠胃功能成熟得晚，头几年会发生便秘，到了四五岁就开始成熟了，会像大多数孩子一样开始正常排便，看来你这是开始好转了。"这时要关注一下孩子拉的是稀的还是干的，以衡量一下接下来的一天需不需用药，或使用剂量大小。

在接下来的三四天中，都采用相同的方法，暗暗促进孩子定时自主排便，并用欣慰的口气对孩子说："以前总发愁你的大便问题，看来长大了自然就解决了，根本不用发愁！"家长这样说是要让孩子相信，是她自己的身体开始正常工作了，备受困扰的便秘问题就要从此消失了。

同时家长想办法给小雨一个暗示，即她习惯在每天早晨排便。装作不经意地对别人说："我家小雨的习惯是每天一吃完早饭就去拉。"也可以对孩子说："你习惯天天早上大便，这倒是个好习惯，天天早上把肚子倒空了，一天轻松，午饭可以多吃点儿。"妈妈还故意在孩子面前批评爸爸："你习惯不好，两天拉一次，要向宝宝学习，及时清理肚子。"

小孩子非常容易受到暗示，当她以为自己会经常在某个特定时间大便，大脑就会自动让这个时间和排便建立起关联，形成条件反射。一旦条件反射建立，不需要意识主动驱动，到了那个时间，身体自然会首先接受大脑发出的信号，产生生理反应，然后又通知大脑，该上厕所了。

小雨第一期用泻药是四天服用三次，停药后，正常拉了两天，第三天再出现便秘。家长按那位妈妈的指点，表情平和地告诉小雨，这种情况很正常，大便再规律的人，都会偶然因为某个原因，有一天或有几天不排便。你已经开始有自己的规律了，早上没便，下午或晚上估计要便；今天不便，明天早上肯定会便。肚里有，不用管它，到时想留也留不住——这些确实是事实，大便正常的人都会在某几天或一段时间因饮食不当、外出旅行等原因致排便不畅，只要生活正常了，很快会恢复到正常。而规律只要形成了，确实是想挡也挡不住的。

家长表现出完全不焦虑的样子，但暗中又悄悄"下药"一次，小雨接下来的一天又在那个时间去了厕所，出来后更愉快，说果然每天都得这个时间拉，从孩子的表情来看，她已坚信自己形成规律了。家长只是愉快地笑笑，简单答应一声，没多说什么。此后，孩子的习惯确实开始形成，排便的条件反射基本稳定下来。极偶然的情况下会发生便秘，在饮食和运动上暗中调理一下，就可以解决，不再需要泻药，便秘的问题彻底解决。

如果采用这个办法，提醒家长注意几点：

1. 用药必须在医生的指导下使用，不可以自己随意到药店购买使用。

2. 不要让孩子知道家长的计划，要让孩子相信，一切变化是基于他自身身体的成长和习惯。这是他建立排便自信、能够形成条件反射的心理基础。整个计划的框架，就是用心理战取得生理战的胜利。

3. 尽量促成孩子排便时间规律，但不需要很精确，大约以早上、中午、晚上来区别即可，或以"每天"为单位，不管早晚，一天一次即可。在开始阶段，一定要从容轻松，不要让过分规律的时间弄得孩子紧张，无论什么原因产生的紧张，都会扰乱孩子正在形成的习惯。即使习惯形成了，也要防止任何原因导致的孩子因时间或情绪上的紧张而憋便。没有便意不焦虑，一有便意就去拉，这非常重要。

4. 饮食和运动一定要跟得上，尤其是改善初期，不要吃得太精细，多吃些蔬菜水果粗粮之类含粗纤维多的食品。经常带孩子做运动或和孩子一起玩闹，总之，要综合治理，尤其要让孩子动起来，促进肠胃蠕动。

5. 有些幼儿园管理非常刻板，会统一安排孩子上厕所时间，不到时间不允许孩子上厕所，孩子只好经常憋便。这不仅在心理上伤害孩子，更会在生理上造成伤害，很多孩子因此患上便秘。家长如果发现这类问题，要及时和幼儿园沟通，阻止此类问题发生。

婴幼儿期是儿童从心理到生理建立自我秩序的时期，不仅是大小便问题，其他方面也都是孩子建立自己身心秩序的关键时期。如果这个时期遇到错误的外力干扰，就容易出现某种障碍。生理会影响心理，心理也会影响生理。

但由于问题首先是表现在生理上，所以很多人就只是单纯地从生理方面去解决，而不关注心理的疏导，这样使得生理问题迟迟得不到根本解决，变成一件迁延的麻烦事，最严重的会变成孩子的某种慢性病。要解决，也要从这两方面入手，双管齐下。

心理方式的参与经常能有效解决生理问题，生理问题的解决，不但对孩子的身体非常重要，对他的心理成长也有很好的影响。

孩子不爱睡觉怎么办？

减少回应即可。太多的回应，尤其是带了脾气的回应其实是对问题的强化。

我曾收到一个标题为"一个崩溃的妈妈来信"的邮件。写信的妈妈说她女儿现在只有两岁多，可因为孩子的睡觉问题，她及全家人天天都饱受煎熬。他们本来很想培养孩子良好的作息习惯，一到点就拍着孩子睡觉，可小家伙明明已困得厉害，却硬挣扎着不睡，且为了不睡觉故意折腾人。如果妈妈带她到一个屋，她就要找姥姥，到了姥姥的屋，又要找阿姨，然后再找妈妈，轮番找，不让她折腾下去，就大声哭，一直哭到声嘶力竭，弄得谁都睡不成。偶尔会因为很困，顺利地睡了，可半夜醒来就不肯再睡，在床上滚来滚去，一会儿要妈妈讲故事，一会儿要喝奶，一会儿要上厕所，一会儿又要上姥姥的屋。

妈妈不仅担心睡眠不足影响孩子的生长，自己也因为长期睡眠不足，脾气越来越暴躁，感觉精神和体力都很崩溃。全家人想过很多办法，妈妈爸爸姥姥姥爷及阿姨，大家轮番红脸黑脸白脸都唱过，不起作用，事情越来越进入一个恶性循环中，以至于孩子对睡觉这事充满警惕，只要一意识到家长想让她睡觉，就开始反抗。

我告诉这位家长，改变孩子不愿意睡觉的毛病，最好不要红脸黑脸白脸轮着唱，减少回应即可。太多的回应，尤其是带了脾气的回应其实是对问题的强化。

一般情况下我们要尽量顺着孩子，其实如果在事情的开始家长是顺着孩子的，没有执念，孩子不会对睡觉有那么深的对抗情绪。现在事情发展得这么严重了，就需要"让拳头打在空气中"，即对孩子的"无理要求"以无为的方式应对，减少回应，慢慢拆除他的逆反心理。

我给她讲了自己治理圆圆不睡觉的办法，让她试试，道理是相通的。

我女儿圆圆上幼儿园时期也经常在该睡觉的时候不想睡，总是找借口拖延时间。比如，说好讲三个故事就睡觉，我坐在沙发上给她讲完三个故事，该上床了，她却说："我是想让你在床上讲三个故事，不是在沙发上讲三个故事。"小家伙总是能找出理由拖延上床时间。

这种情况下，我笑笑，不揭穿她的鬼把戏，痛快地答应上床再给她讲三个。但我提出的条件是，多讲的故事必须闭着眼睛听，睁开眼睛妈妈就不给讲。她就闭着眼睛听，往往一个故事没听完，就睡着了。偶尔她闭着眼睛听了两个还没睡着，我自己也不愿意再多讲，就会自己装困，一边讲一边做出困得无法支持的样子，一个故事刚讲完，或只讲到一半，就一下倒在床上，呼呼睡去。

圆圆会来摇晃我，喊我，翻我的眼皮，抠我的鼻孔，揪耳朵。我被她弄得难受，忍不住，翻个身。她会转到这边来继续喊我、拍打我。我这时不光睡得香，还开始轻轻地打呼噜，再翻个身，就是不醒来。她偶尔会哭几声，但这没用，妈妈睡得醒不来，找救援也是不可能的事，因为这个时候爸爸肯定也睡着了，在沙发上或床上鼾声大作，同样弄不醒。她独自一人折腾一会儿，没辙了，再哭几声，翻翻书或干点什么，用不了多长时间，也一头倒在床上睡着。

　　我这个方法和很多妈妈分享过，屡试不爽，这位家长告诉我的结果则更令人鼓舞。

　　她说，收到信的当天，她就采用了我的方法，果然孩子很快睡着。但到了清晨四点，孩子就醒了，按惯例还是要吃奶，她就下地去热了牛奶。喝完牛奶后，孩子照例做出不打算再睡的样子，说要去找姥姥。妈妈说姥姥在睡觉，不可以去打扰，孩子就哭起来。如果是以前，妈妈总是先好言相劝，劝不住就发火，然后姥姥跑过来抱走孩子。这次姥姥听到孩子哭声，确实又忍不住跑过来，但妈妈很坚定地让姥姥回去睡觉，不允许抱走孩子。"救驾"的走了，妈妈和颜悦色地对孩子说，宝宝不想睡，那就再哭一会儿吧，妈妈好困，先睡了啊。

　　小家伙不明白今天这是怎么了，居然没人理她，拼了命地大声哭，却不能把妈妈吵醒，姥姥也一直没再来。孩子一直哭到有些累，哭声开始变小，妈妈才醒来，又叫她一起睡觉，孩子抽泣着，既有些委屈又听话地躺到妈妈身边，搂着妈妈，很快睡着了。

　　这位妈妈本来以为用这个方法至少得一个星期才可以让孩子适应，没想到第二个晚上，她跟孩子说，天黑了，我们该睡觉了。孩子居然对睡觉的提议没有了抗拒，开心地回答说好，乖乖地听着妈妈的故事入睡了。半夜醒来，有些哼哼唧唧，但仅仅是拍了几下，就又睡了，也没再要喝奶，一觉睡到天亮。之后再没出现因为睡觉哭闹的事。

　　这位家长说到的孩子变化之快，也让我有些意外。分析为什么转变得那么快，可能是因为长期睡眠不足、折腾家长，孩子自己也很累，生理和心理都不舒服。一旦有一种生活方式让她感觉适宜，顺应了她的天性和生理需求，她会本能地趋往那个方向，毫无困难地接受。年龄越小的孩子，越容易改变，因为坏习惯还没有固化下来。

　　用装瞌睡的方法治理孩子不睡觉很有效，那么早上孩子不愿起床又该怎么办呢？在这里，我顺便分享一下早晨叫圆圆起床的办法。

　　我女儿圆圆小时候像很多孩子一样，晚上不想睡，早上不想起。一般情况下，我是允许她睡懒觉的，想几点起几点起。如果哪天需要按时起床，我从不以时间到了为理由来叫她，孩子哪里有时间概念呢？我尽量用一件事情来吸引她，让她不知不觉钻出被窝。

　　比如"今天妈妈做了三种早点，你猜是哪三种？来，穿上衣服去看看你猜对了几种"。或用她喜欢的布娃娃做道具，"今天阿格丽和咱们一起吃早饭，已经坐到餐桌上了，咱们快去看看她是怎么坐的"。接下来一天，换个说法："今天妈妈给阿格丽换了一个碗，昨天那个太大了，你知道阿格丽今天的小碗是啥样的吗？"冬天孩子尤其不想起床，贪恋被窝的温暖，我提前把圆圆的衣服放在暖气上烤热（家里如果没有暖气，用电吹风吹热），然后拿来衣服，兴冲冲地说："烤得真热乎啊，赶快穿，一会儿就凉了，来，试试裤腿里暖和不"……类似的办法，只要动脑筋，经常可以有新的。**我同时也注意对她进行正强化，找准时机，故意当着亲朋好友的面夸赞一下她，说她睡觉起床都很自觉，基本上不用家长操心。**

　　圆圆并非一直需要我这样"耍花招"，在我的记忆中，需要这样"耍花招"的时间并不长，频率并不高。我一直在她的作息方面要求得并不严格，她也大致做得不错，似乎从她上小学开始，该睡就睡了，该起就起了，内心从无抗拒。她的没有抗拒，我相信和父母一直不在这件事上和她产生冲突有关。

睡觉不怕吵，学习不怕吵

　　无菌舱里培养不出体格健壮的人，靠消灭周围正常声音来成全学习的做法也没有道理。在一个正常环境中备受打扰的孩子，他在安静的环境中同样容易受到打扰，真正打扰他的不是那个声音，是他寻找声音的习惯。

　　这些年不时地去看刚生了宝宝的亲戚、朋友或同事，发现不少人总是非常小心地呵护着婴儿的睡眠。说话声音压得低低的，电话线也拔掉了，生怕有什么动静吵醒孩子。家长爱子心切可以理解，但这样做是错误的，可能正是给孩子将来的睡眠制造麻烦。

　　我很庆幸在圆圆出生前读到一本《新育儿百科全书》，这是美国一位著名儿科医生、儿童心理学家写的。当时也买了另外几本"国产"育儿书，看完后，觉得这本"进口"书的育儿观处处追求自然，却又科学客观，很合自己胃口。比如在婴儿睡眠这个事上，我当时看到的"国产"书里都讲孩子出生后，应该尽量给他一个安静的环境，让孩子有良好的睡眠。而这本书里却是这样写的：

　　家里有些动静，一般不会影响孩子睡觉。父母在房间里走动不用蹑手蹑脚，说话也不必悄声细气，否则孩子习惯了寂静的环境，突然听到一点声音反而容易惊醒。无论婴儿还是儿童，只要平日习惯了家里的一般嘈杂声和说话声，即使有客人来访谈笑，或收音机、电视机打开着，甚至有人走进他们的卧室，他仍然可以睡得很香。[1]

短短一段话让我受益匪浅。

这段话提醒我，孩子的睡眠完全可以和大人的正常活动做到两不打扰，一个略有噪声的环境还有利于养成孩子睡觉不怕打扰的好习惯。所以圆圆出生后，我们该干什么干什么，说话声、电视音量平时多大还是多大。而床上这个小婴儿也确乎表现出不怕打扰的样子。她满月时在照相时的表现，更加深了我的这种印象。

当时我家还没有相机，圆圆过满月时就从外面找个人来家里给她照相。摄影师来了，这个小婴儿正睡着。因为摄影师接下来还要到另外一家人那里拍照，不愿等，我们就决定把孩子弄醒。

我先轻摸她的脸蛋，用平常的声音喊她醒来，结果没反应。

于是把小被子揭开，一边活动她的四肢一边用稍大的声音跟她说话，她还是不理睬。

她爸爸在旁边说，抱起来应该就醒了。我把她抱起来，拍拍她的屁股和背，左拍右拍，好像都拍在别人身上，她的头靠在我胸前睡得更香了。

大家觉得又奇怪又好笑，连摄影师也说真是奇怪了，怎么叫不醒呢。

1　[美]本杰明·斯巴克、米歇尔·罗森伯格，《新育儿百科全书》，翟宏彪译，中国建设出版社，1989年第1版，177页。

然后我们又用手轻挠她脖子处痒痒肉，她只是头和脖子微微扭动一下，脸上还出现一个浅浅的微笑，鼻息均匀，继续她的美梦。

最后，姥姥使出绝招，拿来一块毛巾给她擦脸，又湿又凉的毛巾擦到她粉嫩的脸上，可小家伙仅仅是鼻子微微地皱了一下，然后面目恬淡，神情泰然，更加自我地酣睡着，就是不醒来。

这样折腾了近半个小时也没把她弄醒，没办法，我们只好让摄影师先到别人家照，返回来再给我们照。可摄影师走了还不到十分钟，圆圆醒来了，她先是扭动一下身体，睁开眼睛，然后小嘴一咧，哭起来，要吃奶了。我们真是又气又笑——也太自我了吧。

这件事让我们发现，孩子岂止是"不怕打扰"，简直是"特别地不怕打扰"。因为一般情况下人们没有必要把一个正在熟睡的婴儿叫醒，所以这个现象也不容易被发现。从那以后，我们就更不担心有什么声音能吵着她了，而她也确实能在任何声音里睡得香甜。

事实上，圆圆稍大一些后是很容易被叫醒的。从她一岁多开始，我们几次因为赶火车，需要半夜起来，我只要轻轻一叫她，她就能醒来，不哭不闹的，非常乖巧。但在平时，她却总是睡得很沉，只要这个声音不是专门叫她，就吵不着她。她的耳朵好像有特别的功能，能把无关的声音过滤掉。

她两岁左右时，有天晚上我和她爸爸在临睡前因为一件什么事大声争辩，当时圆圆和我们在一个屋里，已睡着了。我们开始还担心把她吵醒，但发现她睡得很踏实，根本没有被打扰的迹象，于是声音越来越高，痛快地吵了一架。父母掀起一场声音的疾风暴雨，圆圆却始终像在摇篮曲中睡得那么香甜。

有一些婴幼儿，他们睡觉好像确实怕吵，这种情况，除了个别特别敏感的孩子，一般是在出生后前几个月的时间里惯出坏毛病了。还有一些婴儿在头三个月里会发生腹部绞痛，这也会导致他们突然惊醒啼哭，而大人经常误以为他们是被吵醒了。无论哪种情况，家长也不应该娇纵他睡觉怕吵的习惯，应想办法让他逐渐适应生活噪声，学会睡觉不怕吵。

一个简单的生理问题如果一直被错误地解决，最后可能会变成一个心理问题。

我听一位读研究生的女孩子说，她宿舍有一位室友，睡觉特别怕吵。宿舍四个人，尽管其余三人一直小心，这位室友总是抱怨宿舍的人弄出动静吵得她睡不好。当另外三人都不在宿舍时，她抱怨走廊里有人说话吵到了她。到半夜走廊里没人时，她也会睡不踏实，因为窗外还总会不时传来什么声音。她的抱怨似乎只有做鲁滨逊才能解决。

可以想象这个女孩给同宿舍的人带来很多麻烦，而最痛苦的是她自己。据说这个女孩的妈妈也是睡觉特别怕吵，在这方面就从小呵护她。可这呵护不是给孩子造福，而是给她带来可能一生甩不掉的麻烦。

就像对睡眠环境常有"安静"要求，人们也习惯于在学习环境上要求安静。但也正像适当的噪声有助于良好睡眠习惯的养成，适当的噪声也可以培养孩子们在学习方面的抗干扰能力。所以在孩子学习环境方面，也不应该过分追求安静。

现在一个比较麻烦的倾向是，在学校里或家庭里，人们总在尽力创造"安静"的学习环境，除了课堂以"安静"作为审美标准，甚至连小学的活动课也要求孩子们不出声，把任何一点喧闹都看作坏现象，这方面经常是做得太过了。

我在北京某小学看到，每天放学前的活动时间被称为"管理班"时间，这个时间原本是让孩子们自由活动的，可实际上它变成了自习课。每班都有一个老师管着孩子们，一旦哪个孩子说话，就要被老师大声训斥。有的班纪律不好，老师就要不停地声嘶力竭喊叫或敲击讲桌以维持"秩序"——学校里这种从早到晚求安静的现象其实非常普遍，从我上小学时就这样，现在似乎更变本加厉。

圆圆上小学二年级时下午开始有了自习课，老师不总是跟在教室里，大部分时间由班干部维护秩序。圆圆当时是班长，老师要求她管好自习课的纪律。孩子们已被管了一天了，这个时间好不容易没有老师管束，哪里肯听小班长的话，自习课总是乱哄哄的。圆圆管了这个，那个人又开始说话，尤其她自己埋下头刚写了一点作业，教室里一下就乱了套，她又得重新站起来维持纪律。教室里的声音往往大得淹没她的声音，圆圆就得大声喊叫，才能重新让教室里安静一小会儿。

这种做法根本不符合圆圆的天性，而老师又总是要求她对自习课的"纪律"负起责来，这让她左右为难。过了一段时间，她居然写了个"辞职报告"，要求辞去班长的职务，想当文艺委员。我问她为什么，她说文艺委员不需要在自习课上管人。事情把孩子逼得连"官"都不想当了！

小学是儿童的活动场所，孩子的天性就是活泼好动。嘈杂到底怎么了，它真能妨碍到谁的学习吗？不少教育工作者都形成了"安静癖"，甚至这种癖好已到了伤害儿童的地步。

我听一个朋友说，她儿子所在小学创建"文明校"，创建活动中有个项目是搞"无噪声走廊"。就是下课不许孩子们在走廊里大声喧哗。学校天天派小干部们在走廊里巡视，抓喧哗者。小干部们把握不好标准，经常是哪个孩子一不留心说话声音稍大就被记下来，就要扣班里的分。结果各班班主任为避免扣分，下课把学生关在教室，不让学生到走廊中，谁想上厕所先在教室里排队，一个上完回来另一个再上。听说这个学校的走廊确实很安静，经验还被推广到别的小学……

在"无噪声走廊"里成长的孩子，他所感受到的，实质是学校教育的野蛮。这样一种创建"文明校"的活动，能让孩子们心底生长出什么样的"文明"呢？

教育应该为培养孩子的习惯而工作，不应该追求表面的整齐和迎合某些消极癖好。在学习环境方面，既不需要故意制造喧闹，也不需要过分追求安静，顺其自然才是最好。学习环境如果符合儿童的天性，孩子能自然形成学习上的抗干扰能力，他们在这方面有惊人的生长力。"学习不怕吵"和"睡觉不怕吵"事实上是同一个问题，可以有相同的解决思路。

请看这所小学是如何做的——

孩子们在学校里是如此自由，每天想上什么课都是孩子们说了算。这所学校从不以"干扰别人"这样的原因制止孩子们做自己想做的事，所以在它的图书室里，有人看书，有人唱歌，有人朗读，有人画画。在一般人看来，这里可是够喧闹的，但实际上孩子们却是互不打扰，各干各的，自得其乐。学校这样做的目的，正是为了培养孩子们的抗干扰能力，目的是让孩子们学会"无论周围怎么嘈杂，都能够立刻集中精力"！[1]

这所学校让孩子们感到快乐，每个孩子放学后都不想离开，第二天早晨又想早早到校。它招收的学生都很平常，甚至有些是身体有残疾或被别的学校开除的，但学生们经历过这样的小学教育后，最后却几乎个个成才——这就是那本很有名的《窗边的小豆豆》写到的学校：巴学园。它存在于七十多年前的日本，创办者是日本教育家小林宗作先生，他的教育思想在今天看来仍非常先进，值得推崇。

在家庭中，家长们当然应该尽量给孩子提供一个安静的不被打扰的学习环境，但这方面也是正常就好，不要太苛求了。如果家长在这方面太用心，甚至表现出焦虑，不但没有好效果，反而有坏作用。

1　[日]黑柳彻子，《窗边的小豆豆》，赵玉皎译，南海出版公司，2003年1月第1版，167页。

我曾经遇到过一位邻居，她住在我的楼下。大约在圆圆读初中时，她的女儿正要高考。当时圆圆要参加二胡考级，由于上住宿制学校，只能每个周末回家时练琴。结果只要圆圆的二胡声一响，楼下就开始敲暖气管。开始我们不以为是针对我们的，因为那个楼虽然隔音不太好，但谁家有什么声响，仅仅是隐约听到，那音量根本影响不到自己。后来又反复几次，我们才确信那个声音就是制止圆圆练二胡的。

我后来在电梯里遇到一些邻居，从他们的言谈中知道这位母亲抱怨别人家的声音影响了她女儿的学习，所以总敲暖气管，甚至"登门拜访"过一些人。大家在心里可能也觉得她做得有些过，不过人们还是很支持孩子高考，都自觉地减少了家里的各种声音。

圆圆不能在晚上练二胡了，只能在周六上午（即那女孩去学校上课时）练。那段时间也听不到邻居家弹钢琴的声音了，只是不时地听到楼下敲暖气管的声音，看来影响他家孩子学习的声音是消灭不尽的。我当时就替这个高三的女孩担忧，家长响亮地敲打暖气管，其实是不断地提醒孩子这里有噪声那里有噪声。整天竖起耳朵搜索噪声，能把心思放在学习上吗？

令人遗憾的是那个女孩真的没考上大学，我知道的结果是她又复读了。

当然也有可能是孩子自己不想学习，找借口说别人吵着她了，这种情况下，家长更不能助长孩子的坏毛病。

无菌舱里培养不出体格健壮的人，靠消灭周围正常声音来成全学习的做法也没有道理。在一个正常环境中备受打扰的孩子，在安静的环境中同样容易受到打扰，真正打扰他的不是那个声音，是他寻找声音的习惯。

孩子成长中会遇到很多问题，家长不可能为孩子营造出每一种理想的生长条件。培养孩子适应环境的能力，就等于为他提供了能随身携带的好环境。

圆圆读高中时，她姥姥来我家，总担心电视声音会吵到她的学习。我们就一次次地告诉她姥姥没事，您什么时间想看电视就去看。

我们说的是真心话，只要不把电视机搬到圆圆的小屋里，她把屋门一关，根本就不受任何事情打扰。我们一直有意无意地培养她的抗干扰能力，在她上小学时甚至怂恿她边看电视边写作业。

高考前两个月，在距离我家不到一百米处，一幢新大楼开始动工。大型车辆因为白天不能进市区，晚上才可以驶进。所以每到晚上十一二点，外面就开始传来大卡车的轰鸣声、钢筋石块的装卸声、工人们操作时的叫喊声，一直得持续到凌晨三四点。和我们一个楼上的另有两位考生，他们的家长去找过工地，但没什么结果。北京市好像有规定，高考期间居民楼附近的工地不许夜间施工，但那个工地一晚都没停歇。施工单位只是不断地在居民楼里张贴道歉告示，希望人们谅解。

我和她爸爸心里也有些着急，但想想施工单位有他们的难处，觉得去找他们也没什么效果。我们在家里所能做的，就是避免提醒，而不是去抱怨。

我们在圆圆面前从没提到一句关于工地的噪声的话。观察到她每天心态平和，猜测她可能压根就没注意到这个问题，我们也假装什么事都没有，丝毫没有流露出对噪声的焦虑。

那一阶段圆圆的睡眠也很好，这可能也得益于她从小养成的睡觉不怕吵的习惯。高考前圆圆说自己怎么感觉不到很紧张，是不是不在状态啊。考试结束后，她惊奇地说怎么考试就过去了，也没失眠一次。

直到这时，我们才敢问她是否受到外面工地的打扰。圆圆在我们的提醒下才发现外面的工地开工了，她说这些天有时候感觉到外面噪声很大，但没顾上在意，没发现它有这么吵。

家长应该给孩子正面引导，让孩子学会和周围的环境和谐相处，将心比心，包容接纳某些问题，而不是处处去苛责、时时想消灭、事事想改造。

带着这样的意识来看"噪声"，它们就不再是噪声——邻居家传来的电视声、吵架声，汽车在路上的行驶声和喇叭声，工地上机器的轰鸣声——它们是城市的天籁，我们实在没有必要被这些声音困扰。

在很多类似的小问题上，都可以有这样一种坦然的态度，由此解决的则可能是个大问题。

与其说"睡觉不怕吵"是个生理问题，不如说在某种程度上它也是个教育问题。

第四章

如何选幼儿园

幼儿园是孩子由家庭迈向社会的第一个链接点，幼儿园的每一个老师、每一种生活又深刻影响着幼儿智商和情商的发展。如何选择幼儿园，其实是学前教育观的问题。

关于选择幼儿园的几点建议

　　教育功能虽然是幼儿园的附加值，却是考量一所幼儿园水平优劣的最重要参考依据。从这个层面来说，如何选择幼儿园的问题，其实是一个学前教育观的问题，我们可从以下几个方面来鉴别这个"附加值"的高低或优劣。

　　第一，好幼儿园是一个"玩耍"的场所，不是"上学"的场所。第二，好幼儿园一定有好做派，好做派是从招生开始让人感觉到的。第三，在安全的前提下，规则越少、越自由的幼儿园越好。第四，不上幼儿园可不可以？

　　在谈如何选择幼儿园时，先说几句题外话，它有助于更好地理解后面的择园建议。

　　现在很多人把孩子上幼儿园称作"上学"，词语上的不经意可能反映了意识的偏差。**幼儿园在本质上不是教育场所，是儿童托管所，最重要的功能是帮家长看孩子，保障孩子身体上的健康、安全。**所以家长不要把早期教育任务寄托给幼儿园。降低期待，会让选择变得更客观、理性。

但由于幼儿园是孩子由家庭迈向社会的第一个链接点，幼儿园的每一个老师、每一种生活又深刻影响着幼儿智商和情商的发展，所以客观上它又具备了教育的功能，就其教育影响力来说，重要性甚至超过大学。所以，教育功能虽然是幼儿园的附加值，却是考量一所幼儿园水平优劣的最重要参考依据。从这个层面来说，**如何选择幼儿园的问题，其实是一个学前教育观的问题，**我们可从以下几个方面来鉴别这个"附加值"的高低或优劣。

第一，好幼儿园是一个"玩耍"的场所，而不是"上学"的场所。

当下，这一条必须作为重点首先去考虑，因为有太多的幼儿园搞得貌似富于教育要素，实则变态畸形。

我经常收到来自家长的这样的问题：孩子在幼儿园不好好听老师讲课，上课时乱动该怎么办，回家不爱写作业，怎么办——这样的问题我没有答案，因为问题本身就是问题。

当"教育"二字只是谋求考试成绩时，"学前教育"自然就变成了"前小学教育"。当下所谓的"幼小衔接"（幼儿园和小学接轨），不是学习智力和学习情感上的准备，仅仅是简单的课堂内容的承接。

所以我们可以看到，现在太多的幼儿园在做小学才该做的事：上课、写作业、考试……孩子们以学习了多少英语单词、认了多少个字、能计算几位数的加减法等等来论优劣。很多小学在接受新生入学时硬性要求必须已经完成拼音学习，完全不顾国家出台的教学大纲，把本该小学学习的拼音推到幼儿园教学中，这导致很多幼儿园更加重视"上课"这件事，家长们也不敢轻易让孩子请假，天天按时按点逼孩子上幼儿园，生怕耽误了"学习"。

同时，当下有些小学老师，当他们发现一些刚入学的一年级孩子表现出学业困难时，并不去考虑学生的个体差异，也不打算想办法从启蒙的角度来帮助这些学生，却是给家长建议，让孩子退回到幼儿园或学前班再学习一年，多学习一些拼音、数学或多认一些字，认为这样就可以"幼小衔接"了。（当下这种事件发生的概率极低）

这种有课堂约束没有启蒙教育、有学习活动没有智力成长的学前教育，是教育中典型的短视行为，也许能让孩子学会一些简单的知识，却会早早地伤害孩子的学习兴趣，影响孩子的智力发育。

幼儿教育和其他年龄段教育有本质区别，它们不是由浅到深、由少到多的"先后关系"，而是由播种到耕耘、由量变到质变的"因果关系"。幼儿教育的任务是启蒙，不是灌注散碎的知识。

启蒙教育必须是自由的、快乐的，儿童的智力能量才能被激发出来。如果是压抑的、束缚的，令孩子不快乐，则会走到启蒙教育的反面，变成给儿童成长使绊子。原本现在小学的学业太重，已经对孩子们造成伤害。如果再把这样一种教学模式往前挪，放到幼儿园，不但无助于"启蒙"，还会"致愚"。

真正的"幼小衔接"，应该是心理和智力上的适应力，这种适应力不是在课堂上完成，而是在玩耍中完成。那种认为习惯了在幼儿园上课、写作业，上小学就会更习惯上课和写作业的想法是完全错误的。事实恰恰相反，正如一个人坐监狱时间再长也不会习惯坐监狱，只会生长出更多逃离监牢的念头，在幼儿园被管束过度的孩子，上小学后会表现出更严重的注意力涣散，在幼儿园被作业奴役过的孩子，从上小学一年级就会出现厌学的症状。

就当下的"上课"概念来说，在幼儿园，不上课才是学习。较之传统的老师讲学生听，课后写作业，力求记住所学内容的"上课"，做手工、做游戏、唱歌、画画、表演、阅读等能给孩子带来快乐和自在的活动，才应该成为幼儿园的"课"，这样的课才能提供真正的智力生活。

"当儿童有机会从事各种调动他们的自然冲动的身体活动时，上学便是一件乐事，儿童管理不再是一种负担，而学习也比较容易了。"[1] 学龄前儿童只有在轻松快乐的气氛中，心智才能正常发育，进入小学后才能更好地适应学校的各种生活情境。

所以我们可以这样判断：**一所幼儿园不要求孩子们乖乖坐着听课，不需要孩子回家写书面作业，孩子没有被"学习"奴役，只有快乐的玩耍，那它至少是一所正常幼儿园。如果一所幼儿园能做到不仅让孩子充分而快乐地玩耍，而且在玩耍中注入了智力因素和情感因素，很好地启迪孩子的智慧，它就是一所好幼儿园。**

第二，好幼儿园一定有好做派，好做派是从招生开始就让人感觉到的。

我们对一所幼儿园的感觉往往是从它的招生工作开始。幼儿园的人文素养如何，招生方式往往能窥见端倪。这个特殊的片段，是展现办园者教育素养的特别窗口。正如企业家的素养就是企业文化一样，幼儿园管理者的素质，也正是幼儿园文化素养的反映。

有些所谓的"重点幼儿园"，牌匾挂得多，人们趋之若鹜，就拿捏得厉害。这种拿捏，从孩子们报名入园就开始了。先要家长排一宿队，却只是发个排队号，接下来要用考试来筛选孩子，弄得孩子紧张万分，然后还要考家长，家长考试不达标，就别想让孩子进来……这样折腾人有意义吗？

如果一所幼儿园真办得好，本来打算招三百人，结果有三千人报名，那么为什么不可以通过合情合理的条件让孩子们入园？比如用抽签摇号、排队的办法解决资源不足的问题。如果幼儿园在孩子入园的初始环节上

1　[美]杜威，《民族主义与教育》，王承绪译，人民教育出版社，2001年5月第2版，211页。

就表现得庸俗，奢望它以后能给孩子优雅的影响，怎么可能？

还有些所谓的"特色幼儿园"，其"特色"往往定位于某些具体的技能，比如开设英语课，号称双语幼儿园；或开设一些绘画、舞蹈等才艺课，并以此为卖点，进行高收费。其实绝大多数"特色幼儿园"并没有对应的实力师资，实现"特色"的手段就是让略懂英语或略懂绘画、舞蹈的老师给孩子们上上课，在形式上搞得有点"特色"。结果进入这些幼儿园的孩子，既学不到多少知识和才艺，也没得到更好的艺术熏陶，反而被大量剥夺玩耍的时间，被强迫学习，把外语天赋扼杀了，把绘画或跳舞的兴趣消解了，"特色"变成了"特别损坏"。

办幼儿园不是开餐馆，"特色"只能是噱头，不可能成为幼儿园价值组成部分。幼儿园最动人的地方恰在于它的大众、自然和朴素，孩子在一个不做作的、自然的环境中，天性才能自然发育。

说到这里，不能不说说现在动不动就出现的"天价幼儿园"。在一个价值观普遍和金钱捆绑的年代，很多人误以为花钱就能买到教育，花更多的钱就能买到更好的教育——这样的想法十分幼稚。天价幼儿园往往设施奢华，这也是他们的宣传点，可这对孩子没有意义。孩子需要的并不多，只要两三部滑梯、几架秋千、一个沙坑、一些书、一些玩具，外加能奔跑嬉戏的安全场地就可以。

一碗饭好不好吃，不在于饭勺是黄金的还是黄铜的。择园时，不必被一些幼儿园的豪华设施晃花眼睛。幼儿园的主要价值恰体现在看不见的东西上，因为看不见，所以需要用心去考察。

第三，在安全的前提下，规则越少、越自由的幼儿园越好。

现在，不少幼儿园给孩子制定了太多太滥的管制条例，令人吃惊。

比如有的幼儿园规定不能在幼儿园的卫生间大便，只能回家拉，甚至撒尿也不能随时撒，要在规定的时间排着队上厕所，这导致孩子们长时间憋尿或尿裤子，也有很多孩子会因此发生便秘。

有的幼儿园规定吃饭必须在规定时间内吃完，如果到了规定时间吃不完，老师就再往碗里多添饭，以示惩罚。不管老师往孩子碗里加多少饭，不管孩子哪天胃口如何，都不许剩饭，必须都吃下去。睡觉，更不用说，必须统一按时午睡，睡不着也要乖乖在床上躺两小时……孩子们从一入园，几乎一切行动都要纳入统一的控制中，甚至玩耍也要按老师的要求来玩，不能随便玩——这样的幼儿园，无论金字招牌有多少，无论老师多辛苦多认真，都不是好幼儿园。

一个理想的幼儿园应该是这样：除了一部分活动和吃饭需要时间统一，其余时间孩子们都有自主选择的余地。他可以选择迟到早退，可以选择不午睡，可以选择某顿饭吃得多些或少些，可以选择随时上卫生间，可以玩积木也可以选择画画。老师领着大家唱歌时，他想唱就唱，不想唱就可以不开口，他不担心会受到指责。

理想的幼儿园也很少搞评比和竞赛，却会为孩子们设计出许多好玩的活动，孩子们不需要整天为得了几朵小红花、是否得到表扬、是否得到好成绩而纠结痛苦……孩子们头脑中没有"好孩子""差孩子"的概念，没有"表现好"与"表现差"的区别，他们可以轻松愉快地玩耍，从不担心受到批评和惩罚。

表面上看，这样的幼儿园太没规矩。事实上，这种"没有规矩"，恰是一个人早期成长最需要的"自由氛围"。在自由的氛围下，儿童内在的心理秩序感才不会被打乱，才能依自然提供的规律有序生长。

幼儿园可以有简单的纪律，比如不能打人，自己的杯子必须放在固定的位置。但纪律一定不能多，太多了，就不是在培养孩子的规范意识，而是给他身心发育设置障碍。

事实上，当下大部分幼儿园都是条条框框太多，设置了太多没有意义的"纪律"。那些纪律的存在，不过是为了成人自己方便，或是做样子给别人看。比如任何事情都要集体行动，游戏、吃饭、睡觉的趋同性越高越认为是好的，甚至要求小朋友在听老师讲故事时都要统一把手背在身后，一动不动。

一所自由的幼儿园可能不如那种整齐划一的幼儿园看起来"井井有条"，管理工作表面上看来可能更复杂一些，但从一个较长的时段来看，其实更简单。教师如果眼睛一刻不停地盯着所有的孩子，不停地指点，说实在的，那样不但老师累，孩子们也很累。孩子们本身经常是专注的，并不喜欢自己做一件事时有人监督，更不喜欢被打扰。只要安全，老师就应该尽量和孩子做到两不打扰——自由的创造就是这样简单——这样的幼儿园，老师和孩子都不会无端地耗费能量，内心都是平和轻松的。

我不希望有人把这种"充分的自由"理解成孩子在幼儿园可以无法无天。这种极端的理解很没道理，却很普遍，这是因为很多人不知道教育所谈的"自由"是什么。

教育中，"自由"和"不守规则"根本不是一回事，而是一对反义词。在一个有充分自由的幼儿园，孩子们不会变得很难管，恰恰相反，享受了充分自由的孩子，才更守秩序。如果孩子们在整个上午都没听到一个令他厌烦的指令，到吃饭的音乐响起时，他们会很快地停止玩耍，走向饭桌。管制越少的幼儿园，孩子们越容易学会遵守规则。

以上几条择园建议，似乎都有和当下现实唱反调的意思，这也许是因为当下的相关问题太多了，所以本文除了给家长提建议，更包含了对当下变态的学前教育的批判。

教育观念和教育行为的分歧，经常是人道主义教育学和功利主义教育思想的博弈。教育学胜利的地方，就有儿童的欢笑；功利主义行为占上风的地方，总能听到孩子的哭泣。儿童的未来是光明还是灰暗，也由这欢笑还是哭泣涂上了第一层底色。

所以我也常常这样告诉一些家长，考察一所幼儿园如何，有一个最简单的办法，就是孩子们在这里快乐不快乐。比如，可以每天早晨去观察一所幼儿园，看看大多数孩子是高高兴兴走进去，还是吵嚷哭闹着不肯进去。孩子们对幼儿园的情绪状态可以告诉你很多，而且很准确。也可以向一些已入某所幼儿园的孩子的家长打听一下，一定要多打听几位，问问他们对幼儿园的感觉、孩子上学时和回家后的状态等。

当然，现实中很少有极端好或极端差的幼儿园，绝大多数幼儿园总是有优点有不足。在安全的底线上，如果一定要为各种选择信息排序，依重要性，大致排序是这样的：

1. 孩子快乐，愿意去幼儿园；

2. 老师素质良好，对孩子和蔼耐心；

3. 离家近，方便接送；

4. 硬件条件好，教具和图书丰富；

5. 名气较大，获得荣誉多。

在具体的选择中，需要家长根据自身及外部的不同情况，综合权衡后做出判断。总的原则就是要摒弃虚荣和急功近利心，体现儿童利益最大化原则。

第四，不上幼儿园可不可以？

选择一所理想的幼儿园不是件易事，那么，如果选择不到，孩子不上幼儿园可以吗？我的答案是可以。

下面一个例子能说明问题。

有位从天津迁到上海的家长，在孩子上幼儿园问题上遇到困难，向我咨询。在天津时，幼儿园不教孩子学文化课，为此还特意给家长开了会，说明幼儿园时期，孩子的小手肌肉还没发育好，过早写字是不对的，幼儿园只开设手工课，以此锻炼孩子们手的灵巧性。幼儿园其他方面管理也很好，所以孩子在天津的幼儿园一直非常快乐。

后来他工作调动到上海，全家人跟着过来。但孩子在上海所送的这家幼儿园的教育跟天津那家完全不同，这所幼儿园天天要上课，到孩子们离开幼儿园进入小学时，拼音就都学完了。孩子到了这里，一下子就显得很"落后"，不会抓笔，也不认识拼音，在幼儿园被老师和小朋友笑话，说他笨，时间一长，孩子自己也总说自己笨，很不自信；再加上常常因为写不好作业挨老师批评，孩子变得非常害怕上幼儿园。

这位家长打听了一下，周围几家幼儿园差不多都是这样，而朋友推荐的两所没有"上课"和"作业"的幼儿园又离家太远。这种情况下，家长开始考虑不送孩子到幼儿园，因为孩子妈妈正好近几年不上班。但家长有几方面的顾虑：一是孩子不和小朋友接触，会不会影响他以后和同学相处；二是不上幼儿园，会不会存在"幼小衔接"方面的问题；三是如果妈妈白天带着孩子在小区里玩，别人问孩子为什么不上学，该怎么回答。

这位家长的三个顾虑都不是很有必要。和小朋友接触，并不是只有上幼儿园才能实现，只要想办法，孩子有很多和小朋友接触的机会。当下所谓的"幼小衔接"本来就是伪问题，家长想让孩子退园，岂不就是为了逃离变态的学前教育？**启蒙教育无处不在，家长自己完全可以成为孩子最好的启蒙老师。智力和心理正常的孩子，进入小学自然能和新生活"衔接"好，反倒是被幼儿园的"作业"奴役苦的孩子，上小学后更有可能出现厌学，而厌学是学习的最大敌人，很容易导致孩子一辈子和学习不"衔接"。**

至于孩子不上幼儿园让自己难为情的事，这是家长在潜意识中把"不上幼儿园"等同于"辍学"了，是家长自己的认识误区。**孩子在这样的问话中是否难为情，完全取决于家长的态度。**如果家长真的想通这件事了，勇敢地选择退园，并为自己的明智感到庆幸，这个问题就完全不存在。那么当别人问孩子为什么不上学时，家长完全可以自豪地说，自己不上班，有时间带孩子，对此表示出满意和自信，孩子也会为此满意和自信的。

当然，选择退园时，没必要对孩子说幼儿园的坏话。只是让孩子知道，任何人都可以按自己的情况和喜好去选择自己想要的东西，这就够了。

幼儿园最硬的"硬件"是老师

幼儿园教师最核心的能力，不是她的学历、才艺等可见、可量化的东西，而是爱的能力，即她发自内心的善良和对孩子们的尊重。

幼儿园教师是孩子社会化过程中遇到的第一个关系重大者，对孩子的影响非常深刻。所以当我们考量一所幼儿园或学校好不好时，不要看它是"市重点"还是"省级示范"，而是重点考察它的教师如何。

要看一个教师如何，也不是看她的学历或获奖次数，而是她是否真心尊重孩子，是否真的爱孩子——这一点很好考证，看孩子们是不是喜欢她。

有位家长给我写信，说她想尽办法且花不少钱，把孩子送到一所市级重点幼儿园。本来开始一段时间送得还比较顺利，结果有一天孩子突然不愿意上幼儿园，接下来出现更强烈的拒绝上幼儿园的现象。后来家长了解到，该幼儿园对孩子们要求本来比较严，要求孩子坐有坐相，站有站样，上课时手必须背到后面；喝水、上厕所必须是统一的时间；每天要上课，老师布置的作业必须完成。

如果仅仅是这种情况，孩子尚且能接受。关键问题是，孩子所在班级有三个老师，轮流值班，其中一位教师很严厉，每当孩子"犯规"了，就会大声责骂，并对"犯规者"进行惩罚，让孩子站到墙角，让孩子在全班同学面前丢脸。

这个孩子就是有一天因为上课时没乖乖坐着，被老师罚站。孩子站了一会儿，可能是忘记了被罚站这回事，居然擅自跑到小朋友中间玩去了，老师发现后很生气，把孩子的书包扔到门外，然后让孩子自己捡回来，并罚孩子站了更长时间。陈述完这些事件后，这位家长问我：这种情况下，如何能让孩子喜欢幼儿园？

家长明明看到了问题的出处，却来向我讨要改变孩子的办法。似乎讨得几粒灵丹妙药，给孩子吃下，就可以把教师的影响消除，让孩子高高兴兴上幼儿园。我如实对这位家长说，我没有办法。

家长之所以这样，经常出于潜意识中的恐惧或是思维的懒惰，下意识地把球踢给孩子，要孩子自己做出某种改变而去接纳来自老师的伤害。我见过不少家长一边抱怨老师做得不对，一边教训孩子你应该如何如何，就是不敢去跟老师或幼儿园管理者提意见、交涉。

家长是孩子的保护者和榜样，在孩子需要你帮助的时候，一定要了解孩子遇到了什么困难，想办法帮他解决困扰。这不但能解决当下孩子面临的困难，也会给孩子做榜样。

我女儿圆圆在幼儿园没出现过不想上学的情况。她刚上小学一年级时，本来天天很开心，突然有一天晚上回来显得心事重重，跟我说她不喜欢学校，明天不想去上学了。

我问为什么，她开始不肯直说，找各种借口。我知道小孩子最好面子，她肯定是在学校遇到什么事，不好意思说出来，于是告诉她说，妈妈知道你在学校遇到了一个困难，不知道该怎么解决，你告诉妈妈，妈妈肯定能帮你想办法，让这个困难变没了。我语气中的真诚和自信打动了圆圆，她终于说出了原因。

原来，学校出于安全的考虑，不允许孩子们在校园里奔跑，派高年级学生在课间巡查。圆圆课间和一个同学在教室外追打着玩了一下，被值日生抓到，姓名被记下来，说要报告给老师。圆圆担心第二天老师会当着全班同学的面批评她，就不想去上学了。讲完这事，她居然担心得哭起来。

我们安慰了她，让她知道自己并没有做错什么，是学校的规定有些过分。当然我们也表达了对学校管理的理解，这方面没多说什么。当时重点考虑的是如何帮孩子解决眼前这个难题。

我们商量了一下，决定第二天爸爸带她早点去学校，在上课前去找老师，说明一下情况，保证以后不在校园乱跑，请老师不要在全班同学面前批评她。

第二天，圆圆和爸爸特意早出发一会儿，他们一起进到学校，去办公室见了班主任，说明了事情的原委，并提出了自己的愿望。

她的班主任老师很好沟通，不但没批评圆圆，还肯定了她能主动找老师认错的行为，并随后在班里表扬了圆圆，说她是个知错就改的好同学。

学校那样一种规定似乎有些过分了，让一个小孩子保证不在校园乱跑也并非我们的意愿，当时的保证只是无奈之举，此处不展开评说这一点。但我非常感恩这位老师，她配合家长这样处理这件事，对孩子意义非凡。圆圆那天去上学时的状态和放学回来后的情绪有天壤之别，由于老师处理得得体，孩子的一个"错误"居然变成了值得老师赞扬的优点。所有阴影都烟消云散，天空一片晴朗，学校又变得那样可爱了。

教师是决定学生喜欢不喜欢学校的最重要因素，幼儿园更如此。老师千万不要以为幼儿园的孩子还小，不懂事，随便想批评就批评，其实

孩子越小脸皮越薄，所以幼儿园的孩子更需要老师呵护好面子。

并不是说老师不能指出孩子的错误，而是要讲究一下教育艺术，处理方式既不能损害孩子的面子，又能达到让孩子改正缺点的目的，这才叫教育。

绝大多数幼儿园教师都是善良的，她们的一些问题只是出于专业知识的欠缺或专业经验的不足，家长发现问题后，如果能友好地跟老师沟通，善意地提醒，老师一般情况下都愿意改正。

有位家长说她孩子的班里有一个年轻女老师，人很好，只是有时生气了会吓唬孩子们。有一天年轻老师嫌她女儿太闹，对孩子说，如果你再说话，就用胶布把你的嘴粘上！老师当然只是吓唬孩子，孩子当真了，怕以后真被老师用胶布粘嘴，无论家长如何解释和安慰，孩子哭着不肯去幼儿园。后来家长给老师打电话委婉地说了这件事，希望老师给孩子解释一下那只是开玩笑，让孩子不要再担心。老师说她没想到孩子会把她的话当真，立即表示道歉，并在电话中安慰了孩子。非常难得的是这位年轻老师属于那种既有悟性又善良的人，不但没有给孩子冷暴力，还和孩子们一起玩互相用胶布粘嘴的游戏，师生乐得哈哈大笑，孩子心中的阴影消失得无影无踪。

人无完人，教师当然都会有做错的时候，重要的是知错就改。

孩子在幼儿园遇到的最大的负面问题就是挨老师批评或和小朋友闹意见。对这两类问题的解决，特别考验家长。**总的原则就是要用建设性的态度去解决，努力协调孩子和老师、和其他小朋友的关系，而不是遇点事情就要理论个是非曲直，或有点冲突就要一争高低。**

教师和家长、教师和孩子的关系是否融洽，对孩子影响深刻。教师和家长都应该为增进彼此的关系而努力。从家长方面来说，既不要对老师盲目信任，又不要对老师苛刻和挑剔。老师都是普通人，在管理孩子时可能会出现一些小问题。遇到了这些问题，家长要本着解决问题的态度去跟老师交流，而不要怀着闹别扭的心态去找老师算账。

有位家长跟我说，她儿子有一次在幼儿园尿了裤子，没跟老师说，老师也疏忽了，没发现。下午孩子姥姥去接孩子时发现了。当时是冬天，老人心疼孩子，就哭了，生气地去质问老师，责怪老师不负责任，和老师发生言语冲突。这件事发生之后，老师每天都会在上课前用略有威胁的口气对全班小朋友说："上课前先上厕所，上课期间不允许上厕所。"而且每次都会点到她儿子的名说："你要去厕所吗，上课中间不许去，尿了裤子别怪老师啊！"老师的态度弄得孩子很紧张，开始不想去幼儿园。好不容易从小班升到中班，换了老师，本来挺高兴的，结果老师有一天上课前也说了同样的话，其实并不是针对这个孩子，可孩子一下子又不想去幼儿园了。之后哪怕孩子和妈妈去亲子园参加游戏活动，只要听到老师要求提前上厕所，就拒绝再参加，哭着要回家。

幼儿园教师作为社会人，并不是强势群体，她们自身也需要成长，需要被善意地对待。如果家长总以善意的眼光来看待她们，则可激发她们更多地表达爱与善。

圆圆上幼儿园小班时，有一天我去教室接她，发现她眼角边上有几条划出的血痕，我大吃一惊，问她这是怎么了。圆圆自己似乎还懵懵懂懂地不知脸上有伤，说不出来。我又问老师孩子脸上的伤是怎么弄出来的，老师一看，也很吃惊，但也是一脸迷茫。因为圆圆在教室没摔倒，也没和小朋友打架，而且孩子一直也没哭。我和老师的表情可能有些把孩子吓到了，圆圆本来见了我挺愉快，这时也出现惶恐之色，要哭了。

我赶快做出轻松愉快的样子，笑笑对圆圆说没什么，走吧，咱们到院子里玩儿。友好地跟老师说了再见，领着孩子出了教室，老师显得有些歉意。

我心里很难过，想知道圆圆的伤是怎么弄出来的，就没有马上离开幼儿园，带她在幼儿园院里玩了一会儿滑梯和秋千，找个机会又问她脸上的伤是怎么弄出来的。圆圆想想，突然说"小树"。我有些不太明白，就让她领着我找一下是哪棵小树，圆圆就把我带到一排冬青跟前。深秋的冬青已干枯，枝条看起来很硬，高度和小班的孩子身高差不多。到这里，我一下就明白了。

在幼儿园小楼和小操场之间，有一小排低矮的冬青作为两个部分的分隔。但人们经常偷懒，就在冬青中间走出一个一尺宽的小豁口。我想圆圆脸上的伤可能是老师领着他们从这里穿过时划的。

如果是这样，幼儿园老师的做法显然不妥当，既没考虑教会孩子们守规则，也没考虑孩子的安全。

必须要和老师谈一下这个问题。目的不是指责她，孩子的脸已被划伤，以后很可能落下浅浅的疤痕，纵使我非常心疼，但指责已无济于事，重要的是提醒她以后不能再带着孩子们从这里走。而且我猜测，这个幼儿园不止这一个老师带孩子们从这里走，别的老师可能也会这样做，所以应该对整个幼儿园的老师有个提醒。

我带圆圆返回教室，老师见我们返回来，有些吃惊和担心的样子。我赶快笑着跟她打招呼，让她知道我不是来找后账的。然后告诉她，我从孩子这里问清楚了，脸上的伤是冬青划出来的。老师明白了，有些尴尬。我对老师说，冬青的高度正好在孩子们的头部，很容易划到脸上；划破点皮是小事，万一正好有孩子在那里摔倒，有可能伤到眼睛。老师赶快点头说是，并说看来以后不能走那里了。我对她说，我知道幼儿园好多老师都习惯领着孩子们从那里走，我想去跟园长说一下，把那个口挡住，或再种几株冬青，提醒老师们以后不要再从那里走。这是考虑孩子们的安全，另一方面也教会他们守规则，你看如何？老师嘴上说好，但我看出她似乎有一些犹疑。我赶快笑笑对她说，我今天不去说，改天再去说，我不会对园长说圆圆的脸被划伤的事，我只是作为家长看到了幼儿园的一点点小问题，给园长一个建议。老师听我这样说，才放心地说好。

后来我找了园长两次，冬青的豁口被补植好了，老师们不再领孩子从那里穿过。我也有意地更多和圆圆的老师说话，让她感觉到我的友好，我们因此更加熟悉了，关系一直很融洽。圆圆脸上当时确实留下了淡淡的疤痕，直到她长大了才看不出来。

当然家长不能期望幼儿园老师都有良好的心理素质，有个别老师，尽管家长给出的是善意的建议，仍然可能心生不满，进而有可能给孩子冷暴力。有位家长跟我说，她的孩子回家说班里一个小朋友尿裤子了，老师换裤子时打了小朋友的屁股。家长觉得老师做得不对，想和老师谈一下，又担心得罪老师，反复想了两天，把所有的措辞想好，很谨慎地跟老师谈了一下。老师当时表示自己做得不对，并保证以后再不会发生这样的事。结果此后几天，家长发现孩子回家后，只要问起她幼儿园的事，孩子都眼神一片忧郁和恐惧，躲躲闪闪地不敢说。家长给孩子做了好多工作，通过耐心的询问才知道，老师听完家长意见的第二天，就严厉地指着孩子的鼻子说："以后把你的嘴给我闭得严严实实的，幼儿园的事情，回家什么都不许跟你妈说。再说小心我撕了你的嘴！"老师还对全班小朋友下了命令，不许大家回家跟家长讲幼儿园的事情。

这位家长做得一点错都没有，遇到这种情况，必须要去跟老师说。如果一名教师能对别的孩子那样粗暴，那她对你的孩子流露粗暴只是早晚的事情。覆巢之下，安有完卵？即使你的孩子侥幸没在她手下"犯事儿"，教师这样一种做人的态度对孩子也有负面影响。所以无论如何要说。如果因为家长提了意见，教师就更加粗暴地对待孩子，家长一定要向幼儿园的管理者反映，要求更换教师。如果有难度，应该联合更多的家长，一起促成事情的解决。当然，有可能幼儿园领导并不买家长的账，以各种借口搪塞，不积极认真地解决问题。这样的话，只能带孩子一走了之，换一家幼儿园是最好的。

我猜测，有的家长看到这里可能会说，换幼儿园哪里是想换就可以，现在想择到一个好的幼儿园多么难，这个幼儿园还是费了九牛二虎之力才进来的。

我想说的是，在幼儿园的一切设施和条件中，没有比教师更重要的条件。当"最重要条件"非常糟糕时，其他一切条件都变得不重要了。硬件设施有多好，门口的金字招牌有多炫，这些其实影响不了孩子，孩子甚至都感觉不到。幼儿园真正对孩子产生优质影响力的，是融洽的师生关系。

幼儿园教师最核心的能力，不是她的学历、才艺等可见、可量化的东西，而是她爱的能力，即她发自内心的善良和对孩子们的尊重。

把孩子送到幼儿园，家长最担心的是老师有没有隐蔽地伤害孩子的行为。这些年，孩子在幼儿园受到伤害的事件时有发生，有的是老师的无心之过，有的是恶意为之。媒体曾经揭露，有的幼儿园为了让孩子不闹病，居然擅自长期给孩子服用抗生素。有的幼儿园老师为了懒省事，偷偷给孩子喂食安眠药。还有一些老师用隐蔽的方式长期虐待孩子，行为之恶劣令人发指。

孩子太小，不懂得主动陈述，或是受到老师的威胁或暗示，不敢对家长说。家长想了解孩子在幼儿园的情况，想知道是否受到隐藏的伤害，不要直接问"老师骂你没？"或"老师给没给你们吃药？"这样问会给孩子不良暗示，多半也问不出什么。可以换个说法，态度轻松地跟孩子说：豆豆的幼儿园规定不让回家告诉家长每天吃什么午饭。然后问孩子：你们幼儿园规定什么不能回家跟家长说？

也可以说：妈妈小时候最不喜欢幼儿园的张老师，因为她太凶了，小朋友吃不完碗里的饭，她就强行往我们嘴里塞。然后反问孩子，你最不喜欢哪个老师，为什么？

注意一定要态度轻松，做出不经意的样子。万一听到有什么事情，家长一定不要当着孩子的面表现出情绪激动。要先冷静下来，再想办法确认一下，如果确定有问题，应先找家人商量，再找幼儿园其他家长调查一下。发现问题后，要尽量通过正规渠道解决，不要冲动。解决方式很重要，要特别注意，不要给孩子内心留下阴影。

这里要提醒的是，**家长要留心孩子是否在幼儿园受到某种伤害，但不要过分负面思维，整天担心这担心那，会给孩子很多不良暗示，不利于身心的健康。家长最积极的行为不是发现老师的问题，而是发现老师的爱和美**。比如也要经常问问孩子，你喜欢哪个老师，喜欢她什么，哪个老师最有趣，哪个老师的笑容最多等。

最后给家长们的建议是，如果有可能，最好经常去幼儿园做义工，或是和园方协商，定期轮流到幼儿园值班一天。这样可以深入、细致地了解幼儿园的方方面面，和不同的老师有更多的沟通交流，向幼儿园提出有效的建议，促使幼儿园的管理更完善。即使幼儿园本身没有这个家长轮值制造，家长也可以向园方主动提出。任何一家正常的幼儿园都不会拒绝这样的建议，如果拒绝了，这恰是它需要被考察被评估的原因。

幼儿园的第一个自由应该是吃饭的自由

　　幼儿园的第一个自由应该是吃饭的自由，没有这个自由，别的自由谈不上。家庭更如此，孩子在家庭生活中的第一个自由也是吃饭自由。在吃饭上不敢或不愿给孩子自由的家长，根本不可能在别的事情上为孩子创造自由的空间。

　　我女儿圆圆上幼儿园时，天天在幼儿园吃早饭，每天早饭都有一碗豆浆，配小包子、馒头什么的。

　　有一天圆圆不想喝豆浆，喝到一半时，趁老师不注意，偷偷把豆浆碗弄翻，然后告诉老师豆浆洒了。这个小滑头以为豆浆洒了就不用再喝了，没想到老师擦擦桌子，又给她盛了半碗，并叮嘱她小心点，别再洒了。小家伙对着眼前的豆浆，有些发愁，又开始打鬼主意，趁老师不注意，如法炮制，再次用一根手指头抠着碗沿，把碗又弄翻了，没想到这下被老师看到。

　　老师没有揭穿她的鬼把戏，不动声色地再次给她擦干净桌子和地面，然后对全班小朋友说："豆浆又好喝又有营养，可有的小朋友总是不注意，总是把碗弄翻，浪费了豆浆，好可惜。从今天开始，谁浪费一碗豆浆，一天不能喝；浪费两碗，两天不能喝。"老师和颜悦色地告诉圆圆说，你今天洒了两碗豆浆，接下来两天都不能喝豆浆了。

也许当时圆圆并不在意，甚至还有点小得意；但当第二天小朋友都有豆浆喝，她却没有时，她可能有些不舒服了；到第三天，眼巴巴地看着小朋友喝豆浆，她不平衡了；到第四天终于有豆浆喝时，她好珍惜，再也不洒了。

事后，在一次和老师的闲聊中，老师把这当笑话讲给我听。我当时很佩服这位老师，此后很多年，一直把此事作为正面案例，在讲座或写书时引用到。直到近两年，我才意识到其中的问题，对这件事进行了新的思考。

我以前认为，这位老师没有点破孩子的诡计，而是不动声色地让孩子自己承担"做坏事"的后果，既不损害孩子的自尊，又达到了教育目的。她没强迫孩子去喝豆浆，而是用适当剥夺的方式，让孩子真正对豆浆产生好感，学会了珍惜。我一直认为她处理方式非常棒，可作为好案例展示出来。

但我这么多年来不曾意识到的问题是，孩子为什么在不想喝豆浆时不敢直接说出来？为什么她一个正常的想法需要动用小聪明、通过制造麻烦去达成？为什么她最终对豆浆的"热爱"需要建立在某种匮乏或恐惧之上？

当时，幼儿园的早饭天天配有豆浆，没有牛奶或其他可喝的东西，这可能是受制于当时的经济条件，本身倒不是问题。问题是老师盛到碗里的，每个孩子要必须喝完。圆圆一定是知道不把豆浆喝干净，要么是被老师劝说着强行喝下，要么挨批评，所以她才会用"小计谋"达到不喝的目的。

老师没有指名道姓批评，这值得称赞。采用罚两天不让喝豆浆，这确实也没有太伤孩子的面子，且达到了让孩子接下来规规矩矩喝豆浆的目的。但老师只提出了惩罚规则，并没有告诉孩子们，如果你们不想喝豆浆，可以声明，可以少喝或不喝。

老师的意识中，集体规定大于个体需求，所以只能用最不损害孩子面子和心理的方式来达到让孩子"守规则"。无论这种刻板思维来自自身的习惯还是园方硬性规定，对孩子们的影响是一样的，会带来两个问题。

一是压抑了孩子的真实需求，没有为孩子的自由表达提供鼓励。这一次虽然圆圆好像是喜欢上了喝豆浆，但一周以后呢，一个月以后呢，哪天她又不想喝的时候，该怎么办？而且别的小朋友对惩罚看在眼里，当他们也在某天不想喝豆浆时，是不是就要逼迫自己把碗里的喝干净？甚至，有的孩子天生就不爱喝豆浆，一口都不想喝，那怎么办呢？压抑了自由表达，不但有损孩子的心理健康，对身体健康也没好处。

二是以惩罚为基本思路的解决问题的方式，是在给孩子树立负面榜样。温柔的暴力也是暴力，形式虽然温和，仍然隐藏着伤害。无论出于多么善意的目的，惩罚孩子都是不对的。惩罚教不会孩子们大爱，教不会孩子宽容，最多只能教会孩子胆怯、刻板和敌对。

必须承认这个老师在当时已做到了她能做的最好，在这里探讨这件事，不是批评这个老师的做法，是希望从教育学和心理学的角度，找到更人性化的解决方案，让教育向更具教育学素养的做法靠近。

所以我们设想老师这样处理这件事，是不是会更好。

她看到圆圆故意弄翻小碗，知道孩子是不想喝豆浆，帮她擦擦桌子后，笑着告诉圆圆，老师看见你是故意弄翻了豆浆，才知道你是不想喝。没事，不想喝就不喝了。你以后哪天不想喝，直接告诉老师，老师就给你少盛或不盛了，用不着悄悄弄翻它。然后把这个态度告诉全班小朋友，让小朋友们都不必在这个问题上有所顾虑。

这样处理，既消除了孩子们的压力，也给了他们自由表达、沟通的习惯，同时也起到了榜样作用，让孩子们从这一件小事上学到了自由表达、理解和宽容。

如果这件事发生在现在，我也会有不同的处理。

首先会真诚地感谢老师没有直接点名批评圆圆，肯定她对事情处理得得体。同时我会向老师提出自己的建议：以后可不可以允许孩子们自主选择吃什么不吃什么，不要一刀切。老师如果表示自己只是遵守园方规定，或她自己认为就该如此，我会去找园长或其他管理人员，努力促成事情的改变。

同时我会告诉圆圆，以后不想喝豆浆，就不喝，大大方方告诉老师就行了，不必偷偷倒掉，更不需要勉强喝下去。老师如果强迫喝下去，绝不喝，而且一定要回来把这事告诉妈妈，我们不能允许强迫吃喝这事发生。

当然，我会同时更加注意维护和老师及幼儿园的关系，绝不为了解决问题而把老师和幼儿园放到自己的对立面。因为我相信幼儿园及老师们也是希望孩子好，他们不是家长和孩子的对立面，是重要合伙人，他们可以不完善，重要的是如何帮助他们做得更完善。

我会联合一些家长，共同建议幼儿园把份饭改为自助餐。孩子不同，胃口不同，喜好不同。哪怕同一个孩子，不同的日子也有不同的胃口，成年人不也这样吗？幼儿园的责任是尽可能为孩子们提供营养丰富的可口的饭食，至于每个孩子每天想吃什么、吃多少，应该由孩子自己决定。吃自助除了能让孩子们吃得更香，还是孩子们一个自我锻炼的机会，锻炼选择能力、动手能力和自我管理能力的机会。

我这样的"建议"在一些人看来太不现实、太幼稚，毕竟吃自助不如吃份饭便于管理，尤其在幼儿阶段，可能会非常乱。这是事实。但如果他们能理解童年的一件件小事都是构成一个孩子成年后面貌的大事，如果他们真的是为孩子着想，而不是只为自己着想，我相信他们是愿意去考虑这样的建议的，也会慢慢摸索出简单合理的管理办法。

如果实在无法实行自助餐，即使是份饭，也要允许孩子挑食、剩饭，而不可以有任何惩罚。

但不容乐观的事实是，从圆圆上幼儿园到现在，二十多年过去了，幼儿园的硬件都优化了不少，但就我了解的情况来看，还有非常多的幼儿园在对儿童的管制上愈来愈严，孩子们越来越不自由，甚至不可以随意上厕所。

吃饭方面，大部分幼儿园仍然采用份饭制，每个孩子领到的饭菜都一样。规定必须吃完自己的那一份，吃不完就要挨批评、受惩罚，或由老师强行喂进嘴里——这真是一场师生互害啊，做法不但错误，而且残忍，名气再大的幼儿园如果这样做，都是坏的幼儿园。

幼儿园的第一个自由应该是吃饭的自由，没有这个自由，别的自由谈不上。家庭更如此，孩子在家庭生活中的第一个自由也是吃饭自由。在吃饭上不敢或不愿给孩子自由的家长，根本不可能在别的事情上为孩子创造自由的空间。

幼儿园吃饭的自由需要家长们的支持，事实上现在很多幼儿园的规定是为了讨好和迎合家长。只有家长在吃饭问题上不和孩子纠缠，幼儿园才能更放心大胆地在吃饭问题上不给孩子制造各种麻烦。

孩子上幼儿园前家长要做哪些准备工作?

　　要孩子不害怕去幼儿园,不是去给孩子做思想工作,要他不害怕,而是要解决家长自己的焦虑情绪。家长不焦虑,问题就解决了一大半。

　　每个即将进入幼儿园的孩子都要面临两个问题:一是克服焦虑,二是适应幼儿园日常生活。帮孩子跨过这两个坎,就是帮孩子做好了入园的心理准备,这需要家长从以下几个方面来做。

入园前首先唤起孩子对幼儿园的向往。

　　有一位家长,她利用人们"得不到的就是最好的"这个心理,在孩子上幼儿园半年前,就开始有意无意地带孩子去幼儿园外面"窥视"。孩子非常羡慕里面的滑梯等各种娱乐设施,但是妈妈告诉孩子,现在还不能进去,要等到9月份才可以去。平时带孩子到亲戚朋友家时,如果看到幼儿园,也会让孩子从外面看看,引起孩子的向往,有时甚至会带着孩子进去参观。因为现在的幼儿园管理都很严,门卫看得紧,一般不允许外人随便进去。所以每次家长带孩子进幼儿园,都需要和门卫求情很长时间，但成功的次数却很少。这更让孩子觉得，幼儿园好难进，能进去是多么幸运的一件事。到 6 月份给孩子报名时，妈妈带着孩子一起去排队，让孩子看到，有多少小朋友都想进这个幼儿园，这样进一步激起孩子对上幼儿园这件事的兴趣。所以，终于盼到入园的那一天时，孩子简直可以说是迫不及待了。

能唤起孩子对幼儿园向往之情的办法很多，这需要大家根据自己的条件和喜好来想办法。只要留心，办法总是有的。

寻求同伴关系是很多生物的一种本能，尤其人，天然是群居动物。正常情况下，儿童对儿童是非常感兴趣的，特别是幼儿之间，他们有独属的交流系统，成人听不懂，这种交流能给幼儿带来极大的愉悦感，非常有利于身心发育。所以我们**首先应该相信，孩子原本是愿意上幼儿园的——这个心理前提非常重要，可以影响到家长的很多言行，并给孩子很多正面暗示**。

当然，这件事要做得有分寸。有的家长为了吸引孩子进幼儿园，提前把幼儿园说得天花乱坠。如，幼儿园有很多玩具，有很多好吃的，老师像妈妈一样……待孩子进幼儿园后，发现不是家长讲的那个样子。一方面会因失望而不愿去幼儿园，另一方面不再信任家长，以后再讲多少去幼儿园的道理，都没用了。这是应该注意的。

不动声色地培养孩子的生活自理能力。

不少家长自从给孩子在幼儿园报名后，总是习惯性地把一切事情都跟上幼儿园联系起来。睡觉时说"按时上床睡觉吧，上了幼儿园就不能睡得太晚了"。吃饭时说"不能剩饭，到幼儿园剩饭的话，就要挨老师批评的"。这些话会给孩子不良暗示，让他觉得幼儿园那么多限制和管束，不像是什么好地方。

在孩子入园前应培养一些基本生活能力。这些培养最好做得不动声色，不要让孩子意识到你在训练他，否则会增加孩子对幼儿园的恐惧感。

培养的方式很简单，就是有意识地让孩子自己去做事，如自己大小便、吃饭、穿鞋子等，家长不要代劳。比如不可以说"要上幼儿园了，你要自己学习吃饭，不能再让妈妈喂饭了"。

其实孩子一岁半以后就应该自己吃饭。有些家长习惯给孩子喂饭，那么在上幼儿园前的几个月，就应该让他自己吃饭。家长一定要不动声色地从给孩子喂饭中撤出，不要因为怕孩子弄得桌子和衣服太脏忍不住代劳，也不要因为担心孩子吃得太少，最终拿起勺子往孩子嘴里再送几口。不要把吃饭这件事时时置于家长的关照之下。一定要给孩子时间和机会，让他自己练习和适应，吃多吃少不介意，相信孩子饿不着自己。

各种生活技能训练的道理都大同小异，基本原则是，在一切训练中，家长自己首先要有定力，不要一着急就去包办，还一边包办一边抱怨孩子。否则，除了降低孩子自己做事的兴趣，降低他的自信，让他上幼儿园后面对具体的事情不知所措，别的没一点好处。

家长自己要克服和孩子的分离焦虑。

有位家长告诉我，她准备送女儿去幼儿园，孩子还没去，她的心已经揪成一团了。总是想象女儿离开妈妈时会如何撕心裂肺地哭，又担心孩子不适应幼儿园，能不能和小朋友处好，老师好不好，吃得如何，还有安全问题……可能是她和孩子讲这些时带出太多的焦虑，以至于后来一提"幼儿园"三个字，孩子马上就哭着说不上幼儿园。孩子的反应完全是被家长洗脑的后果。

要孩子不害怕去幼儿园，不是去给孩子做思想工作，要他不害怕，而是要解决家长自己的焦虑情绪。家长不焦虑，问题就解决了一大半。

比如有位家长，她在第一次带孩子去打针时，孩子还没大哭，她自己居然心疼得先哭起来，结果是直接把孩子吓住了，此后每次打针，孩子总是拼了命地反抗。这样不是心疼孩子，是家长用自己的任性刺痛孩子，为难孩子。

孩子一生会遇到许多困难，甚至是痛苦。面对这些问题，家长应首先给孩子树一个好榜样，而不是无克制地释放自己的情绪。一个不理性不克制的家长，只会给孩子制造更严重的心理负担，却不能教会他理性和克制。

上幼儿园不是孩子成长中的孤立事件，它是整个教育链条中重要的一环，对孩子后面的成长影响深远。

不要采用任何"以毒攻毒"的方式解决焦虑。

有位妈妈，她准备要送两岁半的孩子去幼儿园时，就把孩子独自送到外地的姥姥家住了一个月，认为这样就可以让孩子习惯和妈妈分离。结果是孩子一个月后见到妈妈，先是用陌生的眼神看着妈妈，不敢和妈妈亲近，待妈妈抱起他后，孩子突然大哭起来，满腹委屈。此后，孩子和妈妈寸步不离，哪怕妈妈上卫生间，他也要跟到门口等着，唯恐妈妈转眼间又消失好长时间，变得比以前更黏妈妈，而且特别脆弱，特别爱哭。可以想象，把孩子往幼儿园送时，孩子又是何等痛苦。

一个人不是经历过刀割，就会不在意针扎。须知人往往是"一朝被蛇咬，十年怕井绳"。家长在任何时候，想解决孩子的一个心结时，都不要有这种"以毒攻毒"的心理，孩子承受不起。这样做，其实更增加了送孩子进幼儿园的难度。

儿童成长中，总会有一个又一个困难出现在他们面前。家长应客观陈述这些事情的真相，不夸张困难和痛苦，也不过分美化客观事实，更不能采用瞒骗的方式。要尽量实事求是地引导孩子坦然面对，这样才能培养他们接受困难、适应生活的勇气和能力。

如何让孩子爱上幼儿园？

想培养孩子乐观面对困难、面对未知境况的态度，家长的态度首先要乐观，不能无意识地去渲染困难，避免放大孩子的负面情绪。

有很多孩子不愿意上幼儿园，持续不断地反抗上幼儿园。这种情况不正常，背后一定有问题。要么幼儿园的管理本身有问题，要么家长无意间给孩子灌输了负面情绪，造成孩子对幼儿园的偏见和排斥。

在确信幼儿园方面一切正常的前提下，此文从家庭的角度，谈谈如何让孩子喜欢去幼儿园。

第一，孩子不想上幼儿园，家长要想办法正面激励。

有位家长，她的孩子原来是奶奶和爷爷天天接送。老人们心疼孙子，每天早上送孩子到幼儿园门口，都要和孩子又亲吻又拥抱，还一再地许诺早早来接，表现出依依不舍，结果弄得孩子上幼儿园已有几个月了，每天早上还都是在号啕大哭中被老师从大门口强行抱进楼里。

父母意识到可能是爷爷奶奶的缠绵弄得孩子天天那样大哭，提醒老人几次，但老人不听，于是他们决定自己送。但孩子已养成早上在幼儿园门口大哭的习惯，所以即使后来改成妈妈送，也是天天如此。

幼儿园老师告诉家长，其实每天一看不见家长，孩子马上就不哭了。妈妈通过观察，也确信孩子在幼儿园过得很快乐，幼儿园本身没什么问题。于是有一天，她和孩子进行了这样的对话。

"宝宝，你喜欢妈妈每天都高兴还是不高兴？"

"喜欢妈妈高兴。"

"你喜欢老师每天高兴，还是喜欢老师不高兴？"

"喜欢老师高兴。"

"真是好宝宝。那么，怎么能让妈妈和老师天天高兴，你想知道吗？"

"想。"

"妈妈早晨送宝宝去幼儿园，你如果开开心心地让老师拉着手，自己走进去，妈妈和老师就都高兴；如果你哭闹着不进去，总是要老师费力地把你抱进去，妈妈和老师就都不高兴。"

孩子听到这里，有点同情、有点不知所措地看着妈妈，不知该说什么。妈妈微笑着，接着问孩子："宝宝，你说，你高高兴兴地跟老师拉着手走进去好，还是哭着让老师抱进去好？"

"走进去好。"

"宝贝说得对！那你明天想不想试一下，让老师和妈妈都高兴？"

"嗯……想。"

家长于是跟孩子约好明天就这么做，让妈妈和老师高兴一次，孩子同意了。

第二天早上送孩子到幼儿园的路上，妈妈简单提醒了一下昨晚和孩子的约定，孩子仍旧答应不哭。果然，和妈妈道别时，孩子出人意料地平静，乖乖地让老师拉着手进去了。

下午爷爷奶奶接孩子时，老师表扬了孩子。待妈妈下班一进家门，爷爷奶奶就把老师的表扬说了一次，爸爸下班回来又说一次，大家都表示出极大的喜悦，夸孩子一下子懂事了，以后再也不为上幼儿园哭了，孩子也在这种气氛中表现得非常快乐。从那以后，孩子果然不再为上幼儿园哭闹，一个让全家人和老师头痛好久的问题就这样轻松简单地解决了。

在这个案例中，假如孩子出现另外一种情况：虽然和家长约定去幼儿园不哭，但第二天没能遵守诺言，临时反悔，又故技重演，哭闹不已。这种情况下，家长也不要生气，切不可指责孩子说话不算数。应该一笑了之，不再说什么，轻松愉快地说过再见后，走了就是了。晚上回到家中后，重新激励孩子。

比如这样跟孩子说：宝宝今天早晨上幼儿园还是哭了，因为宝宝一下子还不习惯不哭。不过，宝宝特别懂事，想让妈妈高兴，也想让老师高兴，以后肯定能做到上幼儿园不哭，是不是？然后问孩子想不想明天再试一下，看能不能做到不哭。只要孩子在第二天的表现比前一天好，哪怕是好一点点，家长就及时进行正面强化，几天下来，孩子肯定就不哭闹了。

好办法总是可以这样四两拨千斤，如果有些孩子总是"不听话""不懂事"，那多半是由于家长一直在某些问题上一味使蛮力，而没有把工作做到孩子心坎上。

我女儿圆圆两岁半上幼儿园时，我像绝大多数家长一样，也是告诉她妈妈要去上班，所以要送她到幼儿园。由于之前我正好有一个三个多月的假期，天天和她在一起，那正是她开始懂事、有记忆的时期，所以她的印象可能是妈妈总是这样天天二十四小时和她在一起。

入园第一天，圆圆有新鲜感，很高兴地进去了；第二天就不愿再去，走到幼儿园大门口，说要跟妈妈回家，不进去。我就只好又给她讲妈妈要去上班的话，她无可奈何地哭着跟老师进去了。我心里很难过，一时也想不到如何给她做思想工作。接下来一天，早上要送她到幼儿园时，她忽然说一句："妈妈不要和上班在一起，和我在一起。"

圆圆这句话一下提醒了我，我才意识到孩子心里在想什么。是啊，"上班"对成人来说是多么简单的一个词，可一个小孩子怎么能知道什么叫"上班"呢？本来天天和妈妈在一起，现在突然有一个叫"上班"的东西跳出来，和她争夺妈妈，她当然不愿意了。我于是决定带圆圆去看看什么是"上班"。

第二天我正好没课，就把圆圆带到学校。在路上我告诉圆圆，妈妈上班就不在家里了，而是到学校。走进学校大门，我告诉圆圆，这就是学校，妈妈每天就是来这里上班的。然后我把她带到教学楼。正值学生们上课的时间，我让圆圆从教室门的玻璃上看进去，一个老师正在讲台上讲课。我告诉她说，妈妈是老师，就是像这个老师一样，要天天来这里给学生讲课，这就是"上班"。

圆圆一定是听懂了，她明亮的眸子里闪现出好奇的神情，看看教室里的老师，又看看我，一定是把我和那个站在讲台上的人进行联系。我问她，你看妈妈上班时是不是不能带小圆圆呀？她点点头。我又问："那妈妈上班的话，小圆圆是不是应该去幼儿园啊？"她说是。

我还带圆圆去了办公室，尽量让她完整地看到我平时的工作场景，并简单给她讲了我平时要备课、批作业等。我相信她听懂了，虽然她不会理解讲课、备课的含意，但她知道妈妈是必须天天来这里做事的，这个时间没有办法和她在一起。

第二天，我送她到幼儿园时，她虽然在道别时还是有些想哭，却有了明显的自控力；此后，凡我说要去"上班"，她就不再因任何事和我纠缠。

我在任何事上都不会让孩子一再感到为难，更不会强行要她接受某个事实或道理，我是成年人，有责任在各种问题上动脑筋、想办法。比如为什么要上幼儿园这件事，通过"讲"无法让孩子明白，带她去看一看，孩子一下就明白了，也就变得懂事了。

第二，以轻松愉快的态度回应孩子的脆弱。

从熟悉的家中进入陌生的幼儿园，孩子都难免有分离焦虑。此时特别需要家长拿捏好自己的态度。既要关怀孩子，又不能纵容孩子的脆弱。

我女儿刚上幼儿园时，我带她参观了我的学校，让她知道什么是"上班"，明白为什么妈妈上班的时候她应该去幼儿园，这让孩子理性上接受了这件事。接下来的一天，我送她到幼儿园大门口，有的小孩子在哭闹，圆圆显然已有了相当的克制力，非常配合地走进大门，走到老师跟前。我把她交给老师，跟老师说两句话，就跟她说再见。

能看得出，圆圆还是非常难过的，嘴里说"妈妈你去上班吧"，两只小手却紧紧抓着我不肯松开，可怜巴巴地看着我，强忍着眼泪。我口气轻松地说，你跟老师进去吧，再见宝贝！她仰头看着我，眼神那样悲伤无助，又说"妈妈你去上班吧"，小手抓得更紧，眼泪就下来了。这一瞬间，我的眼泪也差点出来。我的第一个冲动是蹲下来抱抱她，安慰几句。但我知道不能，那样做是对她脆弱的无意识奖赏，反而会放大她的痛苦，我不能强化她这种情绪，而应该给她做个榜样。

所以我只是笑笑，一脸轻松地挣开她的手，用愉快的口气对她说"宝宝跟老师进去吧，再见！"扭头就走了。

圆圆哇地在我背后大哭起来，我的心一下被揪住，很疼，真想回去抱抱她，给她擦擦眼泪，但还是忍住了。只是停下来，回过头，笑着跟她挥挥手，仍然口气轻松地说："不要哭了，跟老师进去吧，再见宝贝。妈妈下班了来接你！"转身走了。圆圆还在背后大声哭，我的眼泪流下来，克制着没再回头。

下午接圆圆时看她情绪愉快，我没再提早上她大哭的事，一路和她聊些其他事，表现出我确实不在意她的哭闹。

接下来一天，圆圆早上去幼儿园时还是有些情绪低落，我既不安慰也不讲道理，假装没在意她的情绪，一路上轻松地和她随便聊些什么。到了幼儿园门口，圆圆还是悲伤欲哭的样子。我仍采取和前一天一样的态度，表情愉快地和她说了再见后，就转身走了。这次没听到圆圆在后面大哭。从那以后，圆圆和我道别就正常了，去幼儿园成了一件非常正常自然的事情。

小孩子最会察言观色，在某些关键时刻，只要家长流露一点软弱，他立即会把握住，并在以后加以利用。所以**要想培养孩子乐观面对困难、面对未知境况的态度，家长的态度首先要乐观，不能无意识地去渲染困难，避免放大孩子的负面情绪。**

有位家长希望通过"共情"来安慰不愿去幼儿园的孩子："妈妈知道宝宝在幼儿园会难过，妈妈和你一样难过，让我们一起面对这件事……"这样的话没有任何意义，不是共情，是煽情，只会助长孩子的脆弱，让他更加缠绵。如果幼儿园真的是个让人"难过"的地方，为什么要把孩子送进去呢？

也有家长安慰孩子说："妈妈会一直在幼儿园大门外等着，离宝宝很近，到放学时就进来接宝宝。"这种不合逻辑的解释，也反映了家长内心的焦虑感，不但不能安慰孩子，却会让孩子陷入更大的困惑中——站在孩子的角度体会一下，妈妈近在咫尺，却不能相见，孩子哪里有心思和小朋友玩？一道铁门成为阻拦他和妈妈见面的障碍，孩子内心会更加反感和害怕幼儿园。

解决孩子的焦虑问题和很多其他教育问题一样，不在于你说什么，在于你的态度是怎样的。

第三，面对幼儿园的一切事情，言行都要尽量正面，避免负面言行和不良暗示。

幼儿园生活有很多细节，无论在哪个细节上，都应该和孩子进行正面交流。

遇到早上孩子不愿出门，家长要想办法吸引孩子去幼儿园，或进行正面暗示，比如不能说"你总是磨磨蹭蹭的，经常迟到"，而应该说"我家宝贝不喜欢迟到，总愿意按时去幼儿园，是不是？"或"昨天圆圆比你去得早，今天我们争取比圆圆去得早，好不好？"

还有些家长通过打骂，强行把孩子送进幼儿园，这更不可取，极端负面的行为只能造成极端负面的后果。

傍晚接孩子时，家长们在回家路上多半会问孩子一些问题。这方面的建议是，可以问一些具体的、容易回答的问题，比如今天做了什么游戏、中午吃了什么饭、今天和哪个小朋友玩的时间最长等。不要问空泛的、负面的或和评价有关的。例如"今天乖不乖，表现好不好？""有人欺负你吗？"或"今天老师表扬你没？"等等，这些都不是好问题。

家长问什么也是一种引导，前一类问题只需简单的回忆，孩子进行客观陈述即可，不会给孩子压力。后一类问题其实孩子很难回答，并且指向评价是一种庸俗引导，会让孩子患得患失，增加上幼儿园的压力。

有时，老师会发现孩子的一些缺点，如实地告诉家长。家长所要做的，并不是回家如实地全部告诉孩子，而要思考如何帮孩子解决问题。

比如，老师说你的孩子和小朋友玩的时候，总是显得太胆小。家长如果把老师的原话转给孩子，可能会强化孩子的胆小，使得孩子更不愿和小朋友一起玩。而且孩子会觉得老师不喜欢自己，在说自己的不好，会在情绪上和老师产生隔阂，这也会导致孩子不喜欢幼儿园。家长应客观地分析一下，孩子显得"胆小"，是他有什么恐惧或不自信，还是孩子天性淳厚，不好争抢。如果需要改变，也要想办法从家庭生活中进行改善，而不是直接告诉孩子他有个什么缺点。

如果老师反映的问题一定要和小朋友谈一谈，也要选择不伤害孩子自尊、保护他自信的方式来谈。例如，老师反映孩子喜欢抢小朋友手中的东西，家长可以这样和孩子谈话：

"老师说你是个好孩子，有三个优点，只有一个缺点，你想不想知道是哪三个优点？"讲完三个优点后，再问一下孩子想不想知道一个缺点是什么。讲完缺点后，孩子可能会略有沮丧或不好意思，家长可继续跟孩子说："每个人都会有一个缺点，缺点其实都可以变成一个优点，你想不想知道怎么变呢？"然后告诉孩子不要再跟小朋友抢东西，给孩子出一些具体的主意，如何避免跟小朋友发生冲突。孩子听完家长的建议，接下来肯定会略有进步，家长要及时和老师沟通，和老师一起及时强化孩子的改变。

第四，不要把上幼儿园这件事搞成"任务"。

有的家长一旦开始送孩子去幼儿园，就风雨无阻地坚持天天送，唯恐一天不送就会把孩子惯坏。这种担心大可不必。如果你的孩子真是那种给三分颜色就要开染坊的人，那一定是他经常被当作一个不讲信用、没有分寸感、没有自尊心的人看待。须知孩子的天性都是有分寸感、有自尊的。这一点，在很多小朋友身上都可得到验证。

世上有太多不讲信用的成人，却很少有不信守诺言的儿童。"言而无信"是后天习得的一种社会行为，"食言"也是需要经历才能学会的。如果一个孩子没有遭遇连续不断的无理要求和言而无信的对待，他是不懂得食言的。

孩子偶尔找借口不想去幼儿园，这很正常。我女儿圆圆小时候也不时地有不想去幼儿园的想法，记得有一次晚上睡觉前，小家伙问我今天是星期几。我告诉她是星期三。她说:"怎么不像星期三?"我问像星期几,她说:"像星期五。"——小小的人,用这种方式告诉家长,她明天不想去幼儿园,但她知道该去,因为父母都要上班,没法带她,所以她不会说出明天不去幼儿园的话,她有自己的理性和自尊。她知道,如果有条件不去幼儿园,妈妈是不会强行把她送去的。

平时我尽量满足她的愿望,如果哪天我没有课,可以不去上班,而她又不想去幼儿园,我就会放下一切,在家里陪她玩一天。

家长和孩子相处从来不"拧",孩子就能形成很好的理解力与自制力,变得"懂事"。如果成人从不信任孩子的理性,认为孩子不懂事,需要被强行控制,那孩子往往会以"不懂事"的行为,来证明家长的防范是有必要的——这真是个微妙的事实,悟到了,一切就变得简单。

现在有些幼儿园统计孩子们入园的"出勤率"和"准点率",对孩子们到园的天数和时间提出较为严格的要求,这实在没必要,不太理解幼儿园这样做的意义和想法是什么。家长没必要配合这样的要求,要先顾及孩子的感受及自己的生活节奏和时间安排。幼儿园只是服务机构,帮助家长照顾学龄前孩子,只要做到在家长顾不上管孩子的时候,幼儿园能把孩子的吃喝拉撒关照好,这就够了。幼儿园当然也可以有教育功能,比如带孩子们玩游戏,各种游戏客观上都有益智和健体的功能。但幼儿园不是教育机构,不需要像中小学那样搞得严肃到累人。

主要参考文献

1. （美）杜威，《民主主义与教育》，王承绪译，人民教育出版社，2001 年 5 月第 2 版。

2. （美）杜威，《我们怎样思维·经验与教育》，姜文闵译，人民教育出版社，2005 年 1 月第 2 版。

3. （苏）苏霍姆林斯基，《给教师的建议》，杜殿坤编译，教育科学出版社，1984 年 6 月第 2 版。

4. （苏）苏霍姆林斯基，《公民的诞生》，黄之瑞、张佩珍等译，教育科学出版社，2002 年 4 月第 1 版。

5. （美）弗洛姆，《为自己的人》，孙依依译，三联书店，1988 年 11 月第 1 版。

6. （美）弗洛姆，《爱的艺术》，李健鸣译，上海译文出版社，2008 年 4 月第 1 版。

7. （意）蒙台梭利，《蒙台梭利幼儿教育科学方法》，任代文等译，人民教育出版社，2001 年 5 月第 2 版。

8. （法）卢梭，《爱弥儿》，李平沤译，人民教育出版社，2001 年 5 月第 2 版。

9. （法）卢梭，《社会契约论》，何兆武译，商务印书馆，2003 年 3 月第 3 版。

10. （美）戴维·迈尔斯，《社会心理学》，侯玉波等译，人民邮电出版社，2006 年 1 月第 1 版。

11. （法）古斯塔夫·勒庞，《乌合之众》，冯克利译，中央编译出版社，2005 年 10 月第 1 版。

12. （英）A.S. 尼尔，《夏山学校》，王克难译，南海出版公司，2010 年 5 月第 2 版。

13.（英）F.A.哈耶克，《致命的自负》，冯克利等译，中国社会科学出版社，2000年9月第1版。

14.（英）安迪·格林，《教育、全球化与民族国家》，朱旭东等译，教育科学出版社，2004年7月第1版。

15.（英）Susan Blackmore《人的意识》，耿海燕、李奇等译，中国轻工业出版社，2008年1月第1版。

16.（日）黑柳彻子，《窗边的小豆豆》，赵玉皎译，南海出版公司，2003年1月第1版。

17.（德）费希特，《论学者的使命 人的使命》，梁志学等译，商务印书馆，1984年10月第1版。

18.（奥）A.阿德勒，《自卑与超越》，黄光国译，作家出版社，1986年9月第1版。

19.陶行知，《陶行知教育文集》，四川教育出版社，2005年5月第1版。

20.钱理群，《语文教育门外谈》，广西师范大学出版社，2003年7月第1版。

21.陈鹤琴，《家庭教育》，华东师范大学出版社，2006年5月第1版。

22.陈琦、刘儒德主编，《当代教育心理学》，北京师范大学出版社，1997年4月第1版。

23.李镇西，《民主与教育》，四川少年儿童出版社，2004年3月第1版。

24.陈嘉映，《哲学 科学 常识》，东方出版社，2007年2月第1版。

25.郑又慧，《父母是孩子最好的音乐老师》，作家出版社，2012年9月第1版。

26.（美）兰德尔·菲茨杰拉德，《食物和药品如何损害你的健康》，穆易译，北京师范大学出版社，2007年6月第1版。

27.（德）耶尔格·布勒希，《疾病发明者》，张志成译，南海出版社，2006年6月第1版。